La inteligencia fracasada

José Antonio Marina

La inteligencia
fracasada

Teoría y práctica de la estupidez

EDITORIAL ANAGRAMA
BARCELONA

Diseño de la colección:
Julio Vivas
Ilustración: de María Quiroga, a partir de un detalle
de «El jardín de las delicias», de El Bosco

Primera edición: noviembre 2004
Segunda edición: enero 2005
Tercera edición: enero 2005

© José Antonio Marina, 2004
© EDITORIAL ANAGRAMA, S.A., 2004
  Pedró de la Creu, 58
  08034 Barcelona

ISBN: 84-339-6217-5
Depósito Legal: B. 4712-2005

Printed in Spain

Liberduplex, S.L., Constitució, 19, 08014 Barcelona

A María

INTRODUCCIÓN

Siempre me ha interesado la estupidez, tal vez por una pasión erasmista que me acomete de vez en cuando. No escribiría un elogio de la estulticia, pero sí un tratado sobre ella. Si existe una teoría científica de la inteligencia, debería haber otra igualmente científica de la estupidez. Creo, incluso, que enseñarla como asignatura troncal en todos los niveles educativos produciría enormes beneficios sociales. El primero de ellos —me dejaré llevar de mi optimismo— vacunarnos contra la tontería, profilaxis de urgente necesidad, pues es un morbo del que todos podemos contagiarnos. Por cierto, un síntoma de estupidez es haber convertido la palabra «morbo» (enfermedad) en un elogio. Si la inteligencia es nuestra salvación, la estupidez es nuestra gran amenaza. Por ello merece ser investigada, como el sida.

La historia de la estupidez abarcaría gran parte de la historia humana. El empecinamiento de nuestra especie en tropezar no dos sino doscientas veces en la misma piedra da mucho que pensar. Con la tozudez de un iluminado, Nietzsche predicó la inversión de todos los valores, porque estaba convencido de que las morales nos habían dado sistemáticamente gato por liebre. A mí me parece que hay que hacer una inversión de toda la historia, porque una parte de lo que consideramos glorioso es indecente. Borges quiso escribir una *Historia universal de la infamia,* pero se quedó en el título. De la Válgoma y yo hemos escrito su contrafigura, la *historia universal de la dignidad,* que es el memorial de un costoso triunfo de la inteligencia. Espero que alguien emprenda una crónica de la estupidez, que nos deje a todos estupefactos y arrepentidos, como quien descubre que había sido estafador y estafado al mismo tiempo. En su escrito *Sobre la estupidez,* Robert Musil ya señaló el ramalazo timador: «Si la estupidez no tuviera algún parecido que le permitiese pasar por talento, progreso, esperanza o perfeccionamiento, nadie querría ser tonto.»

Algunos autores han intentado escribir esa historia, pero desde una actitud irónica, humorística o puramente anecdótica, que la trivializa. Hay excepciones. Libros como *The March of Folly,* de Barbara Tuchman, una historia de la estupidez política, o *Sobre la psicología de la incompetencia militar,* de Norman Dixon, editado por Anagrama, lo demuestran. Pero, en general, la jocosidad ha desprestigiado el empeño. La palabra «estupidez» se ha convertido en un insulto, tan disperso como una perdigonada, y no tiene prestancia científica. Por eso voy a utilizarla poco. Prefiero hablar de *fracasos de la inteligencia,* señalando así la hondura del asunto. Aprovecharé la literatura sobre perturbaciones en el conocimiento o en la acción publicada en los últimos años (Arkes, Kahneman, Tversky, Baron, Stanovich, Perkins, Sternberg, y pocos más).

La inteligencia fracasa cuando es incapaz de ajustarse a la realidad, de comprender lo que pasa o lo que nos pasa, de solucionar los problemas afectivos o sociales o políticos; cuando se equivoca sistemáticamente, emprende metas disparatadas, o se empeña en usar medios ineficaces; cuando desaprovecha las ocasiones; cuando decide amargarse la vida; cuando se despeña por la crueldad o la violencia. Carlo Cipolla, que ha enunciado las leyes de la estupidez, avanza la siguiente definición: «Una persona estúpida es la que causa un daño a otra persona o grupo de personas sin obtener, al mismo tiempo, un provecho para sí, o incluso obteniendo un perjuicio.» Me parece insuficiente. El asunto es más grave. Hay que incluir a las que se perjudican a sí mismas exclusivamente y, como espero mostrar, a las que perjudican a otros, aunque saquen un beneficio.

No sólo fracasa la inteligencia individual, sino la inteligencia colectiva. En estos casos, la propia interacción provoca un *abaissement du niveau mental,* un empequeñecimiento de las posibilidades. Cada miembro de la pareja o de la familia o de la empresa o del partido o de la nación puede ser brillante, entusiasta, perspicaz cuando está solo y empantanarse sin embargo en compañía. Hay unas dinámicas de grupo expansivas y otras depresivas. Las sociedades pueden ser inteligentes y estúpidas según sus modos de vida, los valores aceptados, las instituciones o las metas que se propongan.

¿Qué fue el régimen nazi o el régimen soviético, qué fueron las mil paradas triunfales, sino una terrible estupidez? La glorificación de una raza, de una nación, de un partido, el afán de poder, la obnubilación colectiva, esa pedante seriedad, ese engolamiento feroz y ridículo, la cascada del horror, deberían contarse como un fracaso de la inteligencia. Necesitamos un Pasteur que descubra la vacuna contra esa rabia festejada, una pedagogía de la inteligencia que evite tales obcecaciones asesinas, o, al menos, que no las condecore. No es fácil, porque la estupidez se disfraza con muchos ropajes. Musil dice, por ejemplo, que «la brutalidad es la praxis de la tontería». Tiene razón, pero introduce en su afirmación elementos morales de matute. Napoleón pensaba que hay que utilizar la fuerza para organizar una nación, porque es el único lenguaje que entienden los animales «y estamos rodeados de bestias». Lo hizo con gran eficacia, y para mucha gente es una de las grandes inteligencias de la historia. ¿Quién tiene razón, Musil o el coro napoleónico?

Con este libro expulso a la inteligencia de su trono platónico, donde se dedicaba a las puras tareas de la razón pura, a labores de aguja matemáticas, a encajes de bolillos cartesianos, y la sumerjo en la vida diaria, en los laberintos palpitantes del corazón, en la impura razón práctica. El gran objetivo de la inteligencia es lo que llamamos felicidad y por ello todos sus fracasos tienen que ver con la desdicha. Resulta trágico comprobar que con frecuencia las circunstancias, las experiencias, limitan los recursos intelectuales de una persona, su capacidad para enfrentarse con la vida. Se da entonces un fracaso objetivo del que la víctima no es, claro está, responsable. Un niño al que se le ha inoculado el odio va a sufrir un desajuste permanente en su vida. Es una *inteligencia dañada*.

Muchas veces es difícil distinguir entre la inteligencia dañada y la fracasada, porque ambas llegan a los mismos penosos resultados. Se trata de fenómenos complejos, de difícil definición. Pensemos en Franz Kafka. Se consideró siempre un fracasado, y no por su falta de éxito literario, sino por su dificultad para vivir. Unas veces habla del fracaso como si fuera «su destino fatal» y otras como si se tratara de «una acción intencionada». «Lo que yo quería era seguir existiendo sin ser molestado.» Fue víctima de una patética vulnerabilidad, que le hizo escribir: «En el bastón de Balzac se lee esta inscripción: "Rompo todos los obstáculos". En el mío: "Todos los obstáculos me rompen."» ¿De dónde provino esa fragilidad? ¿Hubiera podido evitarla? ¿Hubiera debido evitarla? Una pregunta más insidiosa: ¿Hubiéramos querido que la evitara?

No me gusta el fracaso, lo confieso. Creo que una de las intoxicaciones culturales posrománticas ha sido el gusto por una metafísica del hundimiento. A ser posible sufrida en cabeza ajena, lo que es el colmo de la impostura. Sade es estupendo para ser leído, no para ser vivido. Convertir la degradación, el fracaso, el horror, la crueldad, el sinsentido en objeto estético es inevitable, pero confundente. Separa el arte de la vida. Resulta escandalosa, porque es verdadera, la afirmación de George Steiner: la cultura no hace mejores a las personas. Una pena.

Me lleva a estudiar un tema tan complicado mi optimismo de pedagogo. Creo que la inteligencia puede triunfar y sería deseable que lo hiciera. Pues por mí que no quede. La finalidad de este libro es ayudar a reducir la vulnerabilidad humana.

NOTA: Como muestra de afecto hacia Teresa Ariño, responsable editorial de mis libros en Anagrama, éste va aliviado de la sobrecarga bibliográfica que tanto le ha atormentado tipográficamente en los anteriores. A lo peor el lector también me lo agradece.

I. LA INTELIGENCIA MALOGRADA

1

La historia perturbó los ambientes jurídicos de Estados Unidos. Sol Wachter, el principal juez del estado de Nueva York y del Tribunal de Apelación, muy respetado por sus dictámenes y sentencias sobre la libertad de expresión, los derechos civiles y la defensa de la eutanasia, fue declarado culpable de un grave delito y encarcelado en una prisión federal. Su amante le había abandonado y el juez Wachter se pasó trece meses escribiéndole cartas obscenas, haciendo llamadas lascivas y amenazándola con secuestrar a su hija. Nos encontramos ante un ejemplo de paradoja humana. Una persona muy inteligente malogra su vida por un comportamiento muy estúpido.

Le contaré algo más cercano, la historia de uno de mis alumnos, un muchacho brillante, con un altísimo cociente intelectual, al que confundió su facilidad. En plena marejada de la adolescencia se volvió consciente de sus capacidades y decidió aprovecharlas. Sus compañeros le parecían torpes y sus profesores mediocres. Se convirtió en jefecillo de una banda de chicos rebotados de la escuela, porque le gustaba mangonear a los demás, y vivió una historia vulgar de napoleón de barriada. Les incitó a que cometieran pequeños hurtos, le gustó disponer de dinero en abundancia, trapicheó con droga, dejó los estudios porque «la acción está en la calle», como decía. Parecía mayor. A los veinte años entró en la cárcel. ¿Era tan inteligente este alumno como decían sus tests de inteligencia? Contestar esta pregunta me va a llevar el libro entero.

Para no perdernos, y porque la ciencia es parsimoniosa, comenzaré con algunas precisiones conceptuales. En primer lugar diré lo que entiendo por inteligencia.

Llamo inteligencia a la capacidad de un sujeto para dirigir su comportamiento, utilizando la información captada, aprendida, elaborada y producida por él mismo.

Puede, pues, fallar porque no dirija, porque no capte, porque no aprenda, o porque no sepa utilizar lo que aprende. Acaso le llame la atención leer que la inteligencia es una «capacidad de dirección». Recuerdo que mi maestro Sperry, premio Nobel de Medicina, uno de los grandes neurólogos del siglo pasado, decía que la función principal del cerebro no era conocer, sino guiar el comportamiento, y que era un idealismo espiritado pensar que el estómago trabaja para el cerebro, cuando en realidad las cosas suceden al revés y es el cerebro el que trabaja para el estómago. En los dos últimos siglos, la inteligencia se ha evaluado por sus capacidades cognitivas básicas –percibir, relacionar, aprender, argumentar, por ejemplo–, que suelen ser lo que miden los tests de inteligencia. Este atrincheramiento en el campo cognitivo me parece una reducción engañosa.

La culminación de la inteligencia, su éxito, está en dirigir *bien* la conducta. Ya sé que introducir la palabra «bien», un adjetivo sospechoso, habrá acabado de escandalizar a un purista. Pero no estoy diciendo nada extraño. Una definición clásica de la inteligencia, admitida por tirios y troyanos, dice que es la capacidad de resolver problemas nuevos. Por lo tanto, la inteligencia dirige bien si permite resolver esas situaciones conflictivas, de lo contrario está funcionando mal. La principal función de la inteligencia es salir *bien* parados de la situación en que estemos. Si la situación es científica, consistirá en hacer buena ciencia; si es literaria, en escribir brillantemente; si es económica, en conseguir beneficios; si afectiva, en ser feliz.

Con frecuencia, la inteligencia no consigue realizar bien su función. Unas veces, el problema está al principio, como en el caso de patologías mentales severas o de deficiencias profundas o de graves traumas infantiles. Se trata entonces de *inteligencias dañadas,* y entran en el terreno de la patología, decisivo asunto que me gustaría tratar cuando tenga algo que decir. Otras veces, el problema está al final. Es el caso de las *inteligencias fracasadas,* a las que voy a dedicar este estudio. No padecían ninguna deficiencia de origen, pero equivocaron su camino, perdieron el rumbo o se dejaron ir a la deriva. Las cosas podrían haber sucedido de otra manera, podrían de hecho suceder de otra manera, y esta posibilidad añade un elemento trágico al fenómeno.

Todo aficionado a la psicología sabe que Robert J. Sternberg es autor de una teoría de la inteligencia muy respetada en ambientes académicos. Es, además, un hombre perspicaz, capaz de hacer submarinismo en cualquier charco. No hace mucho ha publicado un libro titulado *¿Por qué las personas inteligentes pueden ser tan estúpidas?* que alerta sobre una paradoja de la condición humana. Es fácil ilustrar con ejemplos la realidad del fenómeno. Empezaré por mí mismo. Siempre he tenido buenos resultados en los tests de inteligencia que me han infligido, a pesar de lo cual tengo estropeado el mando de mi televisor desde hace cinco años, lo que convierte la conexión en una tarea ardua que me irrita y hace perder tiempo. Digan lo que digan los tests, mi comportamiento es absolutamente estúpido.

Diane F. Halpern, una de las colaboradoras en el libro de Sternberg, pone como ejemplo de estupidez el lío de Clinton con una becaria. El ex presidente de los Estados Unidos me parece un tipo muy inteligente. ¿Por qué hizo una cosa tan tonta? Responder «por pasión» proporciona una explicación poco interesante. El propio Clinton se ha analizado mejor en la distancia. «Lo hice porque podía», ha dicho, más sorprendido que prepotente. Estaba ahí, era fácil, no había más que dejarse llevar, resbalar dulcemente por un tobogán casi irreal, en el que nada podía ser relevante. Con frecuencia el poderoso no sabe bien lo que está haciendo, porque las cosas o las personas le ofrecen poca resistencia. Caer en esta inconsciencia tóxica es el verdadero fracaso de la inteligencia, y por cierto muy peligroso. «Es hermoso tener la fuerza de un gigante —escribió Shakespeare—, pero es terrible usarla como un gigante.»

Si queremos ser fieles a la realidad, hemos de admitir que nuestra inteligencia tiene dos pisos, es una inteligencia dúplex. Una cosa es la capacidad intelectual —el piso bajo— y otra el uso que hacemos de esa capacidad —el piso de arriba—. *Una persona muy inteligente puede usar su inteligencia estúpidamente.* Ésta es la esencia del fracaso, la gran paradoja de la inteligencia, que, como todas las paradojas, produce una especie de mareo. La discrepancia entre «ser» inteligente y «comportarse» inteligentemente nos revela que entre ambos niveles hay un hiato, donde actúa un campo de fuerzas mal descrito, y esto abre un interesante y urgente campo de investigación.

Álvaro Pombo ha contado en un cuento estupendo –titulado *Las luengas mentiras*– un llamativo caso de fracaso de la inteligencia. Un muchacho miente a su novia y a los padres de su novia al decir que ha terminado la carrera de arquitecto, cuando en realidad le quedan un par de asignaturas. Es una mentira trivial, innecesaria, casi cortés, sólo por quedar bien, para que no tuvieran que escuchar nada desagradable en el ambiente amable de una reunión familiar. Su futuro suegro, arquitecto, le ofrece un empleo. A partir de ese momento toda la vida del personaje estará falseada por la mentira que no se atreve a confesar. Cualquier engaño se adueña de la vida entera. Lo difícil no es mentir, sino mantener la mentira. Tenía razón Kierkegaard cuando escribió: «Quien tenga un secreto, que no se case.» Un secreto, y todas las mentiras lo son, es expansivo y asfixiante a la vez. Impone una permanente tarea de camuflaje para sobrevivir. Algo sin importancia y fácil de aclarar –no haber aprobado dos asignaturas– provoca consecuencias dramáticas. ¿Cómo pudo el protagonista no darse cuenta de la situación? Sartre comentó en *Carnets de la drôle de guerre* el caso del emperador Guillermo II, que, víctima de la atrofia de un brazo, se empeñó toda su vida en disimular su manquedad con procedimientos absurdos, porque un emperador guerrero no podía declarar un defecto físico. A esto me refiero cuando hablo de inteligencia fracasada.

2

Haré una primera cartografía de la inteligencia. Debemos distinguir en ella dos niveles:

1) *Inteligencia estructural:* es la capacidad básica, la que, para entendernos, miden los tests de inteligencia. Para subrayar su carácter operativo la denomino *inteligencia computacional*.

2) *Uso de la inteligencia:* es la inteligencia en acción, es decir, lo que un sujeto hace con sus capacidades. Por ahora no existe un test para medirla.

Y entre ambos tendremos que admitir algún *factor de distorsión*, algunos *deformadores epistemológicos, afectivos u operativos*. La tesis que defiendo es la siguiente. Lo que he llamado inteligencia estructural se compone de una serie de mecanismos, capacidades, modos de respuesta, que funcionan por debajo del nivel consciente. No conocemos sus actividades, sino sólo alguno de sus resultados. Emergen a nuestra conciencia pensamientos, imágenes, deseos, palabras, sin saber por qué.

Desconozco cómo estoy escribiendo estas líneas. Me he sentado ante el ordenador, he dado una vaga orden a mi inteligencia computacional —«tengo que seguir con el libro»— y he esperado. Lo más que he hecho ha sido seleccionar las ocurrencias que me iban llegando o aprovechar unas para pedir aclaraciones o variaciones. Ya Henri Poincaré, el gran matemático, llegó a la conclusión de que las demostraciones eran elaboradas por un inconsciente matemático extremadamente hábil. Aunque parezca una *boutade*, tenía razón E. M. Forster al decir: «¿Y cómo voy a saber lo que pienso si no lo he dicho todavía?» Es decir, mi inteligencia computacional sabe el contenido de este libro, contenido del que yo me iré enterando a medida que lo escriba. Esto me hace ir de sorpresa en sorpresa.

Ocurre que los mecanismos de la inteligencia se han ido construyendo a través de una larguísima evolución biológica, y mediante una especie de bricolaje. Parecen funcionar como módulos dotados de cierta independencia. Los mecanismos de la visión no dependen en su contenido de los mecanismos de control voluntario, porque entonces veríamos lo que quisiéramos –por ejemplo, que tengo frente a mí el mar en vez del secarral castellano–, lo que no sería práctico, porque podría salir a pescar en vez de a plantar tomates. No podemos evitar las ilusiones perceptivas, auque sepamos que lo son. También nos cuesta mucho impedir algunos errores en la evaluación. Quienes han realizado un sacrificio (de dinero, tiempo o esfuerzo) para hacer algo, tienden a continuar haciéndolo, aunque les suponga más pérdidas que ganancias. Casi todos hemos pagado dinero para ver una película que ha resultado pésima. Lo curioso es la frecuencia con que nos negamos a marcharnos del cine. Nos parece que aprovechamos mejor nuestro dinero quedándonos, aunque nos muramos de aburrimiento. Ese error –llamado «tozudez del inversionista», y que estudiaré más tarde– explica la persistencia de muchos matrimonios. He invertido tanto en él, que debo mantenerme en la brecha para justificar mi inversión pasada. Con un razonamiento parecido se arruinan muchos jugadores de bolsa.

Los módulos autónomos proporcionan soluciones muy concretas a problemas muy concretos. El miedo es un buen ejemplo. En el mundo animal, un peligro desencadena –según la especie– una de tres respuestas posibles: la huida, la inmovilidad, el ataque. Son esquemas amartillados, que se disparan en cuanto aparece un desencadenante. Pero la inteligencia humana está empeñada en integrar ese conjunto de módulos preprogramados desde la noche de los tiempos, para adaptarlos a problemas más complejos. En el caso del miedo hemos inventado una nueva posibilidad: impedir que el miedo desencadene una conducta automática. Ni huir, ni inmovilizarse, ni atacar, sino analizar si el peligro es real, si se debe afrontarlo o se debe huir. Esto tiene sus grandezas y sus dificultades.

Es fácil comprobar que hay creencias, sentimientos, costumbres que parecen blindadas, encapsuladas, y que actúan fuera de nuestro control. Un caso simple: el miedo a volar. Quien lo sufre sabe que los razonamientos son ineficaces. Leer las convincentes estadísticas de siniestralidad no le hará viajar tranquilo. Pondré otro ejemplo incordiante. Las relaciones entre sexos están regidas por un sistema afectivo muy antiguo, que resulta difícil de compaginar con la circunstancia actual. La situación originaria era que la mujer, muscularmente más débil y en situación vulnerable por las maternidades repetidas y numerosas, necesitaba la protección del varón. Éste adquirió una configuración afectiva de preñador, protector y provisor. La mujer necesitaba seguridad para ella y sus crías, de ahí su gran interés en conseguir la implicación afectiva del padre. Ahora que la mujer quiere independizarse y afirmar reflexivamente su autosuficiencia, ese módulo sentimental, construido para otra forma de vida, puede convertirse en un gran obstáculo, sobre todo porque los arcaicos mecanismos evolutivos son difíciles de eliminar.

Los módulos afectivos pueden entrar en colisión. El ser humano es egoísta y altruista, independiente y social, pasional y racional. Para facilitarnos la supervivencia, la evolución ha intentado organizar esa algarabía de mecanismos independientes. Aparecen grandes sistemas unificadores: el lenguaje, la razón, la capacidad de planificar y decidir. Pero estas estructuras superiores son jovencísimas, y tienen que tratar con los módulos antiguos que permanecen enquistados. Surge así un proceso de negociación, de rediseño, que define el comportamiento inteligente.

Puede conseguir sus metas, y entonces triunfa, o no conseguirlas, y entonces fracasa. De todo esto se encarga lo que llamo *inteligencia ejecutiva,* cuya misión es iniciar, dirigir y controlar, hasta donde pueda, las maquinaciones de la inteligencia computacional. Le pondré un ejemplo. Ya he dicho que los mecanismos de la visión son automáticos. Estoy frente a mi huerta y veo lo que tengo delante. Pero sin cambiar de enfoque puedo adoptar un proyecto poético que me hace ver de otra manera lo mismo que estaba mirando. Busco y reconozco parecidos. La alcachofa se convierte en guerrero con armadura y las coles se dedican a probarse faldas. La inteligencia ejecutiva ha dirigido las invenciones de la inteligencia computacional mediante un proyecto. De lo dicho puedo sacar una conclusión provisional:

La causa del fracaso de la inteligencia es la intervención de un módulo inadecuado, que ha adquirido una inmerecida preeminencia por un fallo de la inteligencia ejecutiva.

Un caso muy simple. La furia es un módulo afectivo que lleva a la agresión. Acabo de leer en el periódico que en un ataque de ira un hombre ha abrasado a su mujer con una sartén de aceite hirviendo y, horrorizado, después se ha tirado por el balcón. En todos los fracasos que voy a analizar encuentro, con mayor o menor dramatismo, uno de esos elementos. La inadecuación del módulo –por rigidez, por anacronismo, por blindarse contra la experiencia, por impedir la continuación de la vida– o una falta de eficacia del yo ejecutivo, que se entrega a los automatismos computacionales y a las marejadas de la emoción. El inevitable Sartre –en ese libro ilegible e imprescindible que es *El idiota de la familia–* dice que la tontería es la idea convertida en materia inerte, el pensamiento convertido en mecanismo. Un compatriota suyo –Pierre Janet–, un gran psiquiatra que tuvo la mala suerte de ser contemporáneo del apabullante Freud, decía que el origen de todas las conductas anormales era una ruptura de los lazos que armonizan los distintos módulos mentales. Lo llamó *psicastenia*.

3

Hay, pues, una inteligencia triunfante y una inteligencia fracasada. ¿Basta con que la inteligencia consiga sus metas para que podamos decir que ha tenido éxito? Así lo sostienen muchos teóricos. Hace años me sorprendió una afirmación de Herbert Simon, premio Nobel de Economía y padre de la inteligencia artificial, un personaje cuya obra admiro profundamente. Decía en su libro *Naturaleza y límites de la razón humana* que «la razón humana no es tanto un instrumento para modelar y predecir el equilibrio del sistema del mundo en su conjunto, o crear un modelo general que considere todas las variables, sino un instrumento para resolver necesidades y problemas parciales y específicos». Una función más bien humilde. Añadía: «La razón es meramente instrumental. No puede seleccionar nuestras metas finales. No puede indicarnos dónde ir, en el mejor de los casos nos puede indicar cómo llegar.» Esta afirmación tan sensata es territorio minado. Podemos saltar por los aires si nos internamos en él ingenuamente. Convierte la eficacia en criterio supremo. Usar inteligentemente la inteligencia consistiría en usarla de manera eficaz. Este criterio es verdadero, pero no es suficiente. En las cortes alemanas del XVII había un procedimiento pedagógico cuya ineficacia me atrevo a certificar. Los castigos merecidos por los príncipes niños los soportaban otros niños nobles, los llamados «niños de azotes». Este escarmiento en cabeza ajena no debió de dar buenos resultados. Cuando se intentó implantar en Francia, Enrique IV se negó a aceptarlo. En una carta fechada el 14 de noviembre de 1607 escribe: «Deseo y ordeno que el delfín sea castigado siempre que se muestre obstinado o culpable de una mala conducta; por experiencia personal sé que nada aprovecha tanto a un niño como una buena paliza.» Nadie puede negar que mantener un comportamiento de inutilidad comprobada es claramente estúpido, pero eso no garantiza que todos los comportamientos eficaces sean inteligentes.

En *Teoría de la inteligencia creadora* ya critiqué la definición de inteligencia que manejan los informáticos, encabezados por Allen Newell, colega de Simon, para quienes la inteligencia es la aplicación de la información a la consecución de metas. Me parecía falso excluir de la inteligencia la elección de los objetivos. Inventar fines es la característica más propia de la inteligencia humana. Y si se equivoca en los fines se equivoca en todo. La inteligencia no trata sólo de resolver problemas, sino de plantearlos. Una discusión sobre el sexo de los ángeles no permite un brillante despliegue intelectual, sino sólo un fuego de artificio retórico o una esgrima silogística. Una meta equivocada o falsa o mala pervierte todos los razonamientos que conduzcan a ella. Tropezamos aquí con un principio que aparecerá a lo largo del libro. Esto de enunciar principios es la gran tentación de todo filósofo, ya lo saben. Propongo, pues, con gran delectación y prosopopeya, el sonoro «Principio de la jerarquía de los marcos»:

Los pensamientos o actividades que son en sí inteligentes, pueden resultar estúpidos si el marco en que se mueven es estúpido.

Hace años apareció en un periódico alemán una carta quejumbrosa escrita por el ingeniero que había diseñado los hornos crematorios para los campos de exterminio nazis. Se quejaba de que nadie había reconocido la calidad técnica de su invento. Eliminar con rapidez y eficacia uno o dos o tres millones de cadáveres no es tarea fácil. La cadencia de eliminación de residuos humanos tenía que ser sostenible, barata y veloz. ¿Qué piensa usted de esta reclamación del ingeniero alemán? No conviene escandalizarse precipitadamente, porque todos utilizamos con frecuencia un criterio parecido. La tecnología militar, por ejemplo, es maravillosa. Soy un apasionado de la aviación y me resulta imposible no admirar la perfección de un avión de caza, su salto de delfín metálico rompiendo el puro aire. Pero la carrera de armamentos se da en un marco irracional. Esa belleza sólo sirve para matar. Durante la guerra fría, en los arsenales atómicos había bombas suficientes para destruir cien veces el planeta. Es decir, que el 99 por ciento de las bombas eran inútiles. Sin duda, aquella proliferación estaba racionalmente decidida, pero dentro de un marco insensato. Los países avanzados tienen que reducir la producción de alimentos o destruir parte de las cosechas para no hundir el mercado. Se paga por no cultivar. Es una decisión correcta desde el punto de vista económico. Pero hay más de mil millones de personas muriéndose de hambre, lo que hace que esa racionalidad, adecuada a su marco, resulte a la vez criminal en un marco más amplio. Según la ONU, en el mundo hay más de 1.200 millones de personas que viven con un dólar al día, pero en la Unión Europea pagamos a cada vaca un subsidio de dos dólares diarios. Ya sé que esta ayuda se concede para favorecer la ganadería de nuestros países, pero la comparación de cifras es, cuando menos, desasosegante.

El *Principio de la jerarquía de los marcos* me parece imprescindible para comprender el comportamiento humano y evaluarlo con justicia. Nos obliga a una estratificación de los juicios. Lo que a un nivel es aceptable puede dejar de serlo si ese nivel entero es abominable. Pondré dos ejemplos de algo magnífico –a saber, un comportamiento extremadamente valeroso– realizado dentro de marcos inaceptables. Uno es la legendaria carga de la Brigada Ligera inglesa, en Balaclava, durante la guerra de Crimea. Lord Raglan, comandante en jefe, ordenó que la caballería avanzase rápidamente contra una posición rusa, para evitar que el enemigo retirase los cañones. Una gran cabalgada en línea recta. No tuvo en cuenta que en los flancos había más artillería y fusileros, que podían disparar contra los atacantes como en un pimpampum de feria. La caballería cumplió con gran heroísmo la insensata orden, pero no me extraña que el diario *Observer* comentase: «La guerra de Crimea tocó el nadir de la estupidez.» De los setecientos jinetes que intervinieron, volvieron menos de doscientos. Los hechos fueron valerosos. Sin embargo, el marco era disparatado. En el epitafio de los caídos habría que poner: «Murió como un héroe por obedecer una orden estúpida.» Pero de hecho se puso un poema de Tennyson, cuya belleza me produce un gran malestar:

No nos correspondía a nosotros pensar el porqué,
nos correspondía cabalgar y morir.

El segundo ejemplo me lo proporciona el terrorismo. Tengo frente a mí las fotografías de unas jóvenes universitarias musulmanas, de ojos de carbón encendido, bellas, con la concienzuda seriedad de las niñas que han tenido que encargarse precozmente de tareas de mayores, dispuestas a convertirse en bombas ambulantes y a morir para hacer daño al enemigo. Su suicidio es valeroso, pero el marco terrorista en que lo consumaron es inmoral porque instrumentaliza con desprecio a las víctimas. Un niño que va a la escuela, una mujer que piensa en cómo llegar a fin de mes o un hombre alegre porque acaba de pagar la hipoteca de su casa, mueren por un problema que no entienden o ni siquiera conocen. ¿Qué tenían que ver las víctimas del atentado de Atocha con la guerra de Irak? El terrorismo usa una vida humana como medio para conseguir una reivindicación política. La dualidad de niveles resulta patente. Podríamos condecorar a un terrorista por patriota y a renglón seguido meterlo en la cárcel por asesino.

La evaluación intelectual de nuestro comportamiento se parece pues al juego de las muñecas rusas. Las muñecas intermedias pueden ser inteligentísimas, pero de nada les vale si la muñeca madre es estúpida. De todo esto deduzco otro principio:

Para evaluar la inteligencia de un comportamiento, tenemos que justificar previamente la jerarquía de marcos que establecemos, y evaluar desde el superior.

Para una persona incapaz de enfrentarse con un problema o de liberarse de la angustia o de soportar el aburrimiento, drogarse es una solución inteligente. El sujeto tiene un fin claro –pasar el bache– y una solución eficaz: un chute de heroína. Hay, sin embargo, un pero. Para ser verdaderamente eficaz debería morir en ese instante, es decir, pasar el bache tendría que ser su máximo marco de referencia. De lo contrario la continuación de la vida –con sus problemas agravados ahora– convierten el chute en un acto poco inteligente. La prolongación temporal es un marco más poderoso que la superación de un instante... para quien quiere seguir viviendo, claro.

Puesto ya en el disparadero de principios, me atrevo a enunciar un tercero. El perspicaz Pierce ya advirtió la curiosa propensión de los filósofos a organizar sus ideas en tríos:

La inteligencia fracasa cuando se equivoca en la elección del marco. El marco de superior jerarquía para el individuo es su felicidad. Es un fracaso de la inteligencia aquello que le aparte o le impida conseguir la felicidad.

Ya sé que es un principio de extremada vaguedad. Prometo aclararlo. Volvamos al caso de Kafka. Las cartas que escribe a Felice cuentan su modo ideal de vida. «Encontrarme con mis objetos de escritorio y una lámpara en lo más recóndito de un sótano cerrado herméticamente. La comida me la traerían, pero dejándola siempre lo más alejada posible de mi cuarto, tras la puerta más externa del sótano. El camino en busca de la comida, siempre en albornoz y a través de todas las galerías subterráneas, sería mi único paseo.» A mí no me parece un modo sensato de vida, pero su caso era sin duda diferente del mío. El 22 de enero de 1922 anota en su diario: «Con objeto de salvarme de eso que llaman nervios, he empezado, desde hace algún tiempo, a escribir un poco.» Puesto que tenía que vivir en un refugio, asubio, la literatura era, sin duda, su refugio más sensato. Pero ampliemos el campo. ¿De dónde venía esa irrestañable necesidad de ocultarse? Se lo cuenta a Milena en el estremecedor apólogo de la alimaña del bosque:

Es más o menos así: yo, alimaña del bosque, antaño, ya casi no estaba más que en el bosque. Yacía en algún sitio, en una cueva repugnante; repugnante sólo a causa de mi presencia, naturalmente. Entonces te vi, fuera, al aire libre: la cosa más admirable que jamás había contemplado. Lo olvidé todo, me olvidé a mí mismo por completo, me levanté, me aproximé. Estaba ciertamente angustiado en esta nueva, pero todavía familiar, libertad. No obstante, me aproximé más, me llegué hasta ti: ¡eras tan buena! Me acurruqué a tus pies, como si tuviera necesidad de hacerlo, puse mi rostro en tu mano. Me sentía tan dichoso, tan ufano, tan libre, tan poderoso, tan en mi casa, siempre así, tan en casa...; pero, en el fondo, seguía siendo una pobre alimaña, seguía perteneciendo al bosque, no vivía al aire libre más que por tu gracia, leía, sin saberlo, mi destino en tus ojos. Esto no podía durar. Tú tenías que notar en mí, incluso cuando me acariciabas con tu dulce mano, extrañezas que indicaban el bosque, mi origen y mi ambiente real. No me quedaba más remedio que volver a la oscuridad, no podía soportar el sol, andaba extraviado, realmente, como una alimaña que ha perdido el camino. Comencé a correr como podía, y siempre me acompañaba este pensamiento: «¡Si pudiera llevármela conmigo!», y este otro: «¿Hay acaso tinieblas donde está ella?» ¿Me preguntas cómo vivo? ¡Así es como vivo!

En la terrible *Carta al padre,* Kafka da algunas claves de su situación: «Yo estaba perpetuamente sumergido en la vergüenza, porque o bien obedecía tus órdenes, y esto era vergonzoso, ya que eran arbitrarias; o bien te desafiaba, y también esto era vergonzoso, pues ¿qué derecho tenía yo a desafiarte? O bien me era imposible obedecer, porque no tenía ni tu fuerza, ni tu apetito, ni tu habilidad, y ésta era, en realidad, la peor de las vergüenzas. Así es como se movían no las reflexiones, sino los sentimientos del niño.» Al final de la carta, Kafka concede la palabra a su padre, que hace un diagnóstico violento de la situación de su hijo: «Incapaz de vivir, eso es lo que eres.» Kafka fue, posiblemente, una inteligencia dañada.

Poco después de publicar *El laberinto sentimental*, donde mencionaba el apólogo de la alimaña, recibí una patética carta que demostraba hasta qué punto el talento de Kafka no estaba en describir su caso particular, sino en expresar emociones universales. Su autor me contaba, en un estilo deslavazado y dramático, que sentir lo mismo que la alimaña kafkiana le había impedido ser feliz. Amaba a una mujer que le quería, pero, confesaba, «no pude soportar la vergüenza de estar desnudo ante ella y huí». No sé cuál sería su problema –supuse que tendría que ver con su pene– pero me entristeció la historia, de la misma manera que me entristece la de Kafka. Tiene razón Stuart Sutherland cuando en su libro *Irracionalidad. El enemigo interior*, afirma: «La vergüenza subyace a buena parte de la irracionalidad humana.» Funciona como un módulo potente e invulnerable que se convierte en un insalvable obstáculo para la felicidad. Por eso, cuando desborda sus límites y dirige la vida entera de una persona, puede considerarse un fracaso de la inteligencia.

4

Ya he descubierto tres posibles causas de la estupidez. La intromisión de módulos mentales inadecuados, la ineficacia de la inteligencia ejecutiva, una equivocada jerarquía de los marcos.

Las maneras de fracasar son múltiples, como las maneras de triunfar. En *Teoría de la inteligencia creadora* organicé la exposición estudiando la transfiguración creadora de cada una de las funciones básicas. Voy a seguir un esquema parecido para inventariar las destrucciones. La palabra «fracaso» tiene una interesante etimología. Procede del francés *casser*, que significa «romper». Los fracasos dejan siempre platos rotos.

El estudio tendrá cuatro grandes apartados:

1) Los fracasos cognitivos.
2) Los fracasos afectivos.
3) Los lenguajes fracasados.
4) Los fracasos de la voluntad.

Cuando hayamos llegado aquí, ya veremos si hay que añadir algún capítulo más.

II. LOS FRACASOS COGNITIVOS

1

En estricto sentido, el error es un fracaso de la inteligencia, pero dada nuestra dificultad para descubrir la verdad, voy a considerar que la experiencia del error pertenece a su dinamismo normal. Todos la hemos tenido. Se da cuando lo que nos parecía evidente queda bruscamente tachado por una evidencia más fuerte todavía. Creía que había apagado la luz del despacho, pero compruebo que no fue así. Confiaba en una persona, pero los hechos me demuestran que estaba equivocado. Estaba seguro de que el Sol se movía en el cielo, pero la astronomía me enseña que es la Tierra la que se mueve. En esta experiencia del error hay siempre un progreso del conocimiento. Reconocer la equivocación y aprovecharla es un alarde que ronda la genialidad. El gran matemático Hadamard contaba con gracia: «En las demostraciones cometo aproximadamente los mismos errores que mis alumnos. Mi única ventaja es que yo me doy cuenta antes que ellos.» En los libros sobre creatividad tecnológica se menciona el caso de la invención del Post It. Los técnicos de 3M estaban buscando un pegamento de gran resistencia. Fracasaron porque sólo consiguieron uno debilísimo, otoñal, y el resultado fue arrinconado hasta que alguien pensó que esa debilidad podía resultar una ventaja. Aparecieron las etiquetas de pegar y despegar. Habían conseguido aprovechar un error.

El fracaso de la inteligencia aparece cuando alguien se empeña en negar una evidencia, cuando nada puede apearle del burro, cuando una creencia resulta invulnerable a la crítica o a los hechos que la contradicen, cuando no se aprende de la experiencia, cuando se convierte en un módulo encapsulado. Los psiquiatras saben que muchas patologías se caracterizan por estas seguridades erróneas e invencibles. Las alucinaciones son un caso claro. El paciente oye lo que oye y nadie puede convencerle de que su experiencia no tiene un desencadenante real.

En el ámbito de la normalidad se dan comportamientos muy parecidos, que son claros fracasos. Voy a estudiar tres –el prejuicio, la superstición, el dogmatismo–, y una peligrosa condensación de todos, que es el fanatismo.

2

El prejuicio. Como explicó Gordon Allport, tener un prejuicio es «estar absolutamente seguro de una cosa que no se sabe». Se caracteriza por seleccionar la información de tal manera que el sujeto sólo percibe aquellos datos que corroboran su prejuicio. Un racista sólo recordará del periódico la noticia de un asesinato cometido por un negro, pero olvidará los cometidos por blancos. De esa manera se ha inmunizado contra toda posible crítica. La palabra «prejuicio» significa al pie de la letra «juzgar anticipadamente un hecho», es decir, antes de que haya sucedido o antes de conocer realmente lo sucedido. Estos juicios previos se dan en todos los sectores sociales, incluso en aquellos que por vocación y profesión deberían estar exentos. Hace años, dos psicólogos, Peters y Ceci, hicieron un escandaloso experimento. Seleccionaron doce artículos publicados en doce famosas revistas de psicología, escritos por miembros de los diez departamentos de psicología más prestigiosos de Estados Unidos. Cambiaron los nombre de los autores por otros inventados, los situaron en universidades imaginarias, como Centro de los Tres Valles para el Potencial Humano, y cosas así, y mandaron los artículos a las mismas revistas que los habían publicado. Sólo tres reconocieron los textos. Lo peor es que ocho de los nueve artículos restantes fueron rechazados por las mismas revistas que los habían publicado antes. Los asesores y los editores que los leyeron afirmaron que el artículo no reunía méritos para su publicación (Peters, D. R., y Ceci, S. J.: «Peer-review practices of learned journals: the fate of published articles submitted again», *Behavioral and Brain Science,* 5, 1982). Esto demuestra que la procedencia del trabajo, la universidad a que pertenecen los investigadores, determina su evaluación, como saben muy bien muchas universidades no anglófonas.

Con frecuencia los prejuicios son peligrosos. Basta pensar en las matanzas provocadas por prejuicios raciales. Como todos los fracasos de la inteligencia, provocan daños inevitablemente. Timothy Beneke, en su libro *Los hombres y la violación,* enumera alguna de las ideas que los violadores tienen sobre sus víctimas:

A todas las mujeres les gusta ser violadas.
No se puede violar a una mujer en contra de su voluntad.
A las mujeres no hay que creerlas.
Cuando una mujer dice «no» en realidad está diciendo «sí».

Las mujeres tienen lágrimas de cocodrilo.
Se la estaba buscando.
Las mujeres están llenas de mensajes contradictorios, esto produce frustración en los hombres.
Las mujeres se exhiben y tienen poder sobre uno.
Ellas provocan, ellas se la buscan.
Ellas se ríen de uno y eso provoca humillación.

Estas creencias sobre las mujeres van acompañadas por otras creencias acerca de los hombres:

La sociedad marca cómo debe ser un hombre de verdad: debe hacer el amor muchas veces y debe ser agresivo con las mujeres.
Nadie va a violar a una mujer que no lo haya provocado.
La violación es un acto de venganza contra las mujeres que envían mensajes contradictorios.
Un hombre tiene un impulso sexual fuerte y es capaz de violar.

3

La superstición. Una superstición es etimológicamente la supervivencia de una creencia muerta, desbaratada, injustificable, pero que sigue influyendo en un sujeto que con frecuencia trata de justificar, si no la creencia, al menos su aceptación. La superstición no suele tener el aspecto discriminador, selectivo del prejuicio, pero coincide con él en ser una certeza injustificada, invulnerable a las evidencias en contra. En muchos hoteles no existe la planta 13. No es que sus propietarios crean en el mal fario de ese número, simplemente piensan que es prudente eliminarlo por si los clientes lo creen. Pero algunos clientes que no creen en esa superstición pueden pensar que acaso deberían hacerlo, a la vista de la aceptación de la creencia por el gremio hotelero, y en la próxima ocasión negarse a estar en el piso 13, lo que animaría a los hoteleros escépticos a eliminar el número fatídico. La credulidad crece como una rodante bola de nieve. Leo una estadística francesa. En Francia hay diez mil astrólogos, más de cuarenta revistas de astrología, y el 10 por ciento de los franceses confiesa haber acudido a alguna de las pintorescas consultas que desvelan el porvenir. Un dato más: el 47 por ciento de las mujeres confían más en su horóscopo que en su pareja. Los políticos tienen al parecer un marcado interés por la astrología. Georges Minois, autor de una *Histoire de l'avenir* (Fayard, París, 2000), dice que desde Nixon a Hassan II, de Vincent Auriol a Antoine Pinay, muchos políticos se han interesado en las cartas astrales. William Mackenzie King, que fue tres veces primer ministro canadiense, se dedicó intensamente al espiritismo y consultó a los médiums más famosos de Europa. Durante un viaje a Europa se entrevistó con Hitler y le hizo unas advertencias muy sensatas, pero también cambiaron impresiones sobre el mundo de los espíritus, y King llegó a la conclusión de que Hitler era muy devoto de su madre y que ésta le guiaba desde ultratumba. Nancy Reagan introdujo a los astrólogos en la Casa Blanca. Mitterrand consultaba a Elizabeth Teissier sobre la guerra del Golfo y el referéndum de Maastricht. El astrólogo Maurice Vasset asesoró, al parecer, a De Gaulle. Algunas consultorías utilizan los horóscopos para seleccionar personal. La policía de Nueva York suele consultar a una vidente, aunque confiesa que no saben el número de casos que ha solucionado. En 1993, la Inspección de Trabajo francesa dictaminó que no se podía excluir a una persona del trabajo por ser capricornio. Menos mal.

4

El dogmatismo. El dogmatismo está muy cercano al prejuicio y a la superstición. Aparece cuando una previsión queda invalidada por la realidad, a pesar de lo cual no se reconoce el error sino que se introducen las variaciones adecuadas para poder mantener la creencia previa, que es de lo que se trata. Una actitud dogmática queda así inmunizada contra la crítica. Llamo inmunización a la implantación de mecanismos de defensa contra la evidencia o contra los argumentos adversos. Un ejemplo: las religiones adventistas americanas habían predicho que Cristo descendería a la Tierra el 22 de octubre de 1844. No sucedió, pero tras las acomodaciones pertinentes, sus sucesores, los Testigos de Jehová, predijeron que ocurriría en 1914. Tampoco sucedió, pero eso no les hizo desconfiar de sus creencias, sino sólo posponer el hecho hasta 1975. Según dicen los que saben de esto, por fin ocurrió lo esperado, pero sin que nos diéramos cuenta.

La acomodaticia plasticidad de los prejuicios, los dogmatismos y las supersticiones les confiere siete vidas como los gatos. Pondré un diálogo entre los señores X e Y como ejemplo de alguno de sus mecanismos de adaptación:

    X: Lo malo de los judíos es que sólo se preocupan de su propio grupo.

    Y: Pero el registro de la campaña del Fondo de Ayuda de la Ciudad muestra que ellos son más generosos que los no judíos.

X: Eso demuestra que siempre andan tratando de comprar el aprecio de la gente y de meterse en los asuntos de los cristianos. No piensan más que en dinero, por esa razón hay tantos banqueros judíos.

Y: Pero un reciente estudio muestra que el porcentaje de judíos en la banca es mínimo y mucho menor que el porcentaje de no judíos.

X: Por supuesto. Nunca se dejan ver. Actúan siempre desde la sombra, con hombres de paja.

Etcétera, etcétera, etcétera. Este proceso de racionalización es llamativo y cercano a comportamientos patológicos. El prejuicio dispara un mecanismo raciocinante, que sólo pretende reforzar la creencia básica y eliminar la disonancia con la nueva información. Se mueve en un círculo autosuficiente que se alimenta de sí mismo. Nada puede afectarlos. Sucede como en el chiste: Un hombre cuenta a sus amigos que su párroco es un santo porque habla todos los días con Dios. Los amigos escépticos le preguntan: «¿Y tú cómo lo sabes?» «Porque me lo ha dicho él mismo.» «¿Y cómo sabes que no te engaña?» «¿Cómo me iba a engañar un hombre que habla todos los días con Dios?»

5

El fanatismo. El fanatismo incluye todos los fracasos cognitivos, pero añade dos elementos extremadamente peligrosos. Una defensa de la verdad absoluta y una llamada a la acción. El principio básico del fanatismo es una proposición difícilmente discutible: *La verdad merece un estatuto especial frente a todas las doctrinas falsas.* Lo malo es que no va acompañado de una fundamentación universal de esa verdad. Nadie sensato duda de que la física es más fiable que la astrología, a la vista del trabajo minucioso y sistemático de corroboración que desarrolla la ciencia. Lo malo es cuando una opinión no demostrada se considera absolutamente verdadera. Cae entonces en un dinamismo tiránico del concepto de verdad. La verdad absoluta debe practicarse o imponerse absolutamente. El guerrero que incendió la biblioteca de Alejandría lo tenía claro: «O los libros que hay aquí dicen lo mismo que el Corán, y entonces son inútiles; o dicen otra cosa y entonces son blasfemos. En cualquier caso merecen ser quemados.» John Locke, el perspicaz, denunció el círculo vicioso del fanático: «Afirman de una doctrina que es una revelación, porque creen firmemente en ella; creen firmemente en ella porque es una revelación.»

Éste es el segundo peligro del fanatismo: el paso a la acción. Voltaire ya lo advirtió al definirlo: «Es un celo ciego y apasionado que surge de creencias supersticiosas y produce hechos ridículos, injustos y crueles; y no sólo sin vergüenza ni remordimiento de conciencia, sino además con algo semejante a la alegría y el consuelo. El fanatismo no es más que la superstición llevada a la práctica.» Calvino es un claro ejemplo, cuando en la *Defensa de la fe verdadera* escribe: «Cualquiera que defienda la opinión de que se comete injusticia con heréticos y blasfemos al castigarlos se convierte conscientemente en culpable y cómplice del mismo crimen. Que no me vengan con autoridades terrenas: es Dios quien habla aquí, y se ve claramente qué es lo que quiere salvaguardar en su iglesia hasta el fin del mundo.»

6

En todos estos casos aparece un mismo *factor de distorsión:* el blindaje contra las evidencias o contra los argumentos adversos, que rompe el dinamismo normal y progresivo del conocimiento. Daniel Dennet, un interesante filósofo americano, ha escrito: «La libertad humana consiste sólo en aprovechar las experiencias pasadas para conducir el comportamiento.» El fanatismo somete a cautiverio a la inteligencia porque le impide aprender.

Esta incapacidad de aprender de la experiencia, por cierto, es un mal muy común. Según Henry Kissinger, que sin duda lo decía con conocimiento de causa, los políticos al llegar al gobierno no son capaces de aprender nada que vaya contra sus convicciones. «Éstas son el capital intelectual que consumirán durante su mandato» *(The White House Years,* Little, Brown, Boston, 1979, p. 54).

Un módulo encapsulado adquiere una relevancia que no merece. Las razones de este enrocamiento pueden ser variadas. A veces es un simple hábito inducido por el ambiente, otras veces un reflejo de defensa ante lo extraño, con mucha frecuencia la incapacidad para soportar situaciones complejas o ambiguas. En 1944, el *American Jewish Committee* patrocinó una investigación a gran escala para intentar comprender lo que había sucedido en la Alemania nazi y desvelar los mecanismos del prejuicio. Intervinieron Adorno, Horkheimer, Ackerman, Jahoda y otros investigadores de prestigio. Llegaron a la conclusión de que los prejuicios son un fenómeno en que interviene la personalidad entera. Acuñaron incluso un nombre –a mi juicio muy confundente– para designar la personalidad propensa a los prejuicios: *Authoritarian personality,* la personalidad que necesita vivir bajo una autoridad estricta. Lo menciono porque corrobora una idea que sostengo desde hace tiempo: mejor que hablar de inteligencia debemos hablar de personalidades inteligentes. O estúpidas, claro. Las personalidades inteligentes manejan bien la negociación íntima. Nadie está libre de tener quistes mentales –las manías por ejemplo–, lo importante es que queden aislados, sin llegar a los grandes centros vitales, sin producir metástasis mentales. Lo importante es no dejarles tomar el poder.

¿Por qué estos fenómenos son un fracaso de la inteligencia? Porque bloquean una de las funciones de la inteligencia, que es conocer la realidad. Conocer no es un lujo, sino una función vital. Necesito saber si esta seta es venenosa o comestible. Si pudiéramos vivir en un mundo de fantasía, sería estupendo, pero no podemos. Puedo imaginar que soy Superman, con tal que esa ilusión no me incite a lanzarme desde la terraza para volar. Si lo hago, me desilusionaré al tiempo que me rompo la crisma.

Para ilustrar los peligrosos efectos de estos fracasos de la inteligencia, que condujeron a la Inquisición, a las cruzadas, a las guerras de religión, a las cámaras de gas, a la yihad islámica, mencionaré un ejemplo muy cercano: la secular ideología contra la mujer. Santo Tomás de Aquino pontificaba: «La mujer necesita del varón no sólo para engendrar, como ocurre en los demás animales, sino incluso para gobernarse, porque el varón es más perfecto por su razón y más fuerte en virtud» *(Contra gentes,* III, 123). Que esto se dijera en el siglo XIII estaba mal, pero que se continuara repitiendo en el siglo XX clama al cielo, bueno, a un cielo no tomista. Hasta 1975, el artículo 57 de nuestro Código Civil decía: «El marido debe proteger a la mujer, y ésta debe obedecer al marido.» En el preámbulo de la ley que promulgó ese artículo se justifica su contenido en un párrafo que no tiene desperdicio. «Existe la potestad de dirección, que la naturaleza, la religión y la Historia atribuyen al marido, dentro de un régimen en el que se recoge fielmente la tradición católica que ha inspirado siempre y debe inspirar en lo sucesivo las relaciones entre los cónyuges.»

El empecinamiento en la discriminación llegaba a mantener creencias sobre la mujer que hubieran podido ser fácilmente desmontadas con una observación de los hechos. Esto es lo típico del dogmatismo, la superstición y el prejuicio. La historia de las ideas sobre la menstruación, por ejemplo, parece la crónica de un delirio colectivo. En la Biblia o en el pensamiento hindú o en los penitenciales cristianos, la menstruación caía bajo la lógica de lo puro y de lo impuro. Era natural, inevitable, pero impura. Se trata de supersticiones de carácter vagamente religioso o vagamente higiénico, absolutamente irracionales. Pero a mí me chocan más los prejuicios que apelan a hechos y que, sin embargo, no tienen fundamento en los hechos. Plinio dice en su *Historia natural:* «La mujer que menstrúa agosta la cosecha, devasta los jardines, mata las semillas, hace caer los frutos, mata las abejas, y si toca el vino, lo convierte en vinagre, la leche se agría.» Todavía en 1878, un miembro de la Asociación médica británica envió una comunicación al *British Medical Journal* en la que declaraba: «Es un hecho indudable que la carne se corrompe cuando la tocan las mujeres con la regla.» Simone de Beauvoir cuenta con mucha gracia en *El segundo sexo* hasta qué punto esas creencias sobrevivían en zonas rurales francesas:

> Cualquier cocinera sabe perfectamente que una mujer indispuesta no puede ligar una mayonesa, ni es posible hacerlo en su presencia. En Anjou, recientemente, un viejo jardinero que había almacenado la cosecha de sidra del año escribió al propietario: «Hay que pedir a las da-

mas de la casa y a las invitadas que no entren en la bodega en determinados días del mes: impedirían que la sidra fermentara.» Al leer la carta la cocinera se encogió de hombros: «*Eso* nunca impidió que la sidra fermentara –dijo–, sólo es malo para el tocino: no se puede salar tocino delante de una mujer indispuesta, pues se pudriría.»

7

Prejuicios, dogmatismos y supersticiones son creencias falsas, pero al menos conscientes. Hay otras creencias, sin embargo, implícitas, no formuladas, que resultan peligrosas precisamente por su inconsciencia. Podríamos decir que son inconscientes, aunque la expresión suene rara. Influyen en nuestras actitudes, sentimientos, decisiones, pero a escondidas. Ortega, con gran perspicacia, distinguió entre ideas y creencias. Las ideas se tienen, las creencias se son.

Consideremos el sentimiento de pudor. Su contenido está definido por las costumbres y por el tiempo. No me resisto a citar la definición que da el inigualable Domínguez en su *Diccionario* (1848): «Pudor: Especie de reserva casta, vergüenza tímida y honesta como de inocencia alarmada. Modestia ruborosa pura y sin afectación, recato, honestidad, especialmente en la mujer, por cierto colocado en muy resbaladizo y vidrioso declive, en harto periculosa pendiente ocasionada a insubsanable fracaso, a irreparable desliz.» No tiene, por supuesto, razón. El pudor físico es masculino y femenino, infantil y adulto. Se funda en unas creencias acerca de la anatomía cuyo origen desconocemos, y que cambian de sociedad en sociedad y de época en época, por eso lo traigo a colación. El pudor se refiere a lo *pu-*

dendus, a lo que no se puede mostrar, pero esta calificación no es objetiva, sino cultural. Las mujeres yanomami van completamente desnudas, salvo un cordoncito que llevan alrededor de la cintura, sin el cual se sentirían impúdicas. Platón consideraba que las mujeres podían estar desnudas en el estadio, como los hombres, pero que estarían ridículas. Plinio da un argumento sorprendente para demostrar que el pudor femenino es natural: el cuerpo de una ahogada flota boca abajo, para ocultar sus órganos sexuales, mientras que el de un ahogado flota boca arriba, argumento que se repetirá hasta el siglo XVII.

Algunas creencias influyen poderosamente en nuestra arquitectura personal. En especial las que se refieren a nosotros mismos. El niño va construyendo su propia imagen, afirmándose como un «yo». A los quince meses se reconoce en el espejo. Es posible que su propia actividad, el sentimiento de que sus propias acciones influyen en la realidad, vaya fundando su conciencia de ser sujeto. A los dos años y medio se refieren a estados mentales y posiblemente a los cuatro tienen ya una teoría de cómo funciona la mente de las personas. Empieza a elaborar un *autoconcepto,* una serie de creencias sobre sí mismo, que va revisando a lo largo del tiempo. Esta idea de sí mismo incluye una valoración, positiva o negativa, de autoestima o de autodesprecio, que, unida a la creencia en la propia capacidad para enfrentarse con los problemas, va a determinar en gran parte su vida afectiva.

Entre esas poderosas creencias se encuentran también los roles sociales, es decir, los modelos de comportamiento que se atribuyen, por ejemplo, a mujeres y hombres, los guiones que dirigen nuestras vidas. Tenemos en la cabeza un modelo del mundo, que nos sirve para interpretar la información y para evaluar lo que nos pasa. En él se fundan nuestros sentimientos y nuestras expectativas. Margaret Mead nos describió dos modelos mentales diferentes. Uno correspondía a la tribu de los arapesh y otro a la tribu de los mundugumor. La gran meta de los arapesh era que el ñame y los niños crecieran bien. Toda su organización social estaba dirigida a esos fines. Creían que el mundo tenía que ser hospitalario. Los mundugumor pensaban lo opuesto. El mundo es un lugar peligroso, en el que sólo se puede sobrevivir estando continuamente en estado de alarma, dispuesto a repeler un ataque. Los niños eran educados en esa agresividad que consideraban salvadora. La organización social entera se basaba en la sospecha, la fuerza y la hostilidad insomne.

8

Así pues, el paso desde el deseo a la acción, a través de las evaluaciones sentimentales, está influido por sistemas de creencias, por modelos. Algunos favorecen unas conductas disfuncionales o destructivas. Me detendré brevemente en el sistema de creencias que conduce a la adicción a las drogas. Hay, sin duda, algunas influencias temperamentales, por ejemplo la necesidad de nuevas emociones, la impulsividad, o la incapacidad de soportar el aburrimiento. Otras propensiones son aprendidas, como los sentimientos de impotencia y desvalimiento. Algunas creencias parecen estar siempre presentes: «Yo debería ser perfecto. Yo debería ser poderoso. Yo siempre debería conseguir lo que quiero. La vida debería estar libre de dolor y no requerir ningún esfuerzo. Soy incapaz de influir en lo que me rodea. La droga puede darme el poder del que carezco. El mundo es una porquería, y yo también lo soy.»

Aaron Beck se ha esforzado por detectar las creencias

que él llama patológicas y que yo prefiero llamar *tóxicas*. Cree que todas ellas tienen unos elementos comunes:

1) *Son inferencias arbitrarias.* Llegan a conclusiones muy firmes, sin evidencias que las apoyen. «Tengo que ser apreciada por todos si soy buena.» «Si no gano mucho dinero, seré un fracasado.»

2) *Usan una abstracción selectiva.* Valoran una experiencia centrándose en un detalle específico, e ignorando otros más relevantes. «He vuelto a llegar tarde. No hago nada a derechas.»

3) *Generalizan excesivamente.* Pasan de un caso particular a una creencia general: «X no ha llamado por teléfono. Nadie me querrá nunca.»

4) *Magnifican o minimizan.* Aumentan la magnitud de los acontecimientos perjudiciales y disminuyen los que podrían enorgullecerles. «Fue imperdonable que se me olvidara no traerle el postre que le gusta.» «Miro mi vida y no encuentro ningún momento alegre.»

5) *Provocan pensamientos absolutistas y dicotómicos.* Animan a clasificar todas las experiencias en dos categorías opuestas y absolutas, adjudicándose la negativa: «Todo lo hago mal», «No le importo a nadie», «Soy un cobarde».

Estas creencias son hábitos contraídos que operan a escondidas desde la memoria, produciendo graves sesgos en la evaluación sentimental. Ponerlas en claro y cambiarlas es el buen camino.

9

Me intriga mucho el poco interés con que se ha estudiado la «credulidad», la facilidad excesiva para creer las cosas. Pienso que la especie humana es crédula por naturaleza, es decir, tiene unos mecanismos eficaces e inconscientes para la formación de creencias. Una creencia es un hábito mental, algo que se adquiere por repetición, y este mecanismo de aprendizaje es una herencia de nuestros primos animales. Recuerden el perro de Pavlov. Pavlov hacía tocar una campana poco antes de presentar la comida al perro, y a éste acabó haciéndosele la boca agua al oír la campana. En términos humanos: creía firmemente que la comida seguía a la campana y actuaba en consecuencia.

Las creencias se imponen por procedimientos automáticos. No puedo creer en algo voluntariamente. Hay mucha gente que desearía creer o dejar de creer en una religión. No es algo que se pueda intentar por derecho, sino aprovechando ciertos procedimientos que vale la pena conocer para utilizarlos o para ponerse a salvo de ellos. El ser humano tiende a creer en toda información que recibe el suficiente número de veces y por distintos caminos que se corroboran entre sí. Este mecanismo resulta salvador en el campo de la experiencia. Veo una sombra y no sé si es un oso o una roca o una ilusión óptica. Me muevo para ver si la imagen continúa. Me acerco. Pregunto a mi acompañante si él la ve también. La impresión se corrobora si oigo un rugido, si huelo su hedor, y, si siento su garra en mi espalda, no cabe duda: era un oso. La permanencia de la percepción, y la corroboración mutua de distintos canales sensitivos, son dignas de crédito. Son un eficaz mecanismo para adaptarnos a la realidad.

Pero con la aparición del lenguaje las cosas cambian. No se trata ya de creer en lo que veo, sino en lo que me dicen. Y esto resulta ya más azaroso, porque el lenguaje sirve como sustituto de la experiencia, sin ninguna garantía. Con la palabra nació la comunicación, pero también la mentira, y nuestra maquinaria de formar creencias resulta engañada con facilidad. Los medios de comunicación favorecen ese engaño porque pueden crear un simulacro de realidad.

El poder siempre ha utilizado esta debilidad anacrónica. Los mecanismos de ejercicio del poder son permanentes y se reducen a tres. La capacidad de hacer daño. La capacidad de dar premios. La capacidad de cambiar las creencias. Haber comprendido esto último fue una de las muestras del genio de Napoleón, lo que le hace tan moderno. Me detengo en este caso, no sólo por la fascinación del personaje, sino porque reciclaré el ejemplo en el último capítulo. Cuidó su imagen pública como otros cuidan una imagen sagrada, con tenacidad y fervor. Descubrió que la opinión popular era todopoderosa y dedicó su talento a modelarla o a cautivarla. Tenía que persuadir al pueblo de la infalibilidad de su destino. Supo crear su leyenda gloriosa mientras estaba viviendo una historia a veces cutre y a veces terrible. Creó un tipo de dictador que ha sido después abundantemente copiado: el hombre providencial. Después de arramblar con el poder necesitaba legitimar lo ilegítimo. Y consiguió convencer al pueblo francés, que en 1802 le eligió cónsul vitalicio por abrumadora mayoría.

No quiso sólo hacer la guerra, quiso también contarla. Destinado como jefe del ejército de Italia, en 1797, funda un periódico: *El Correo del ejército de Italia,* y al mes siguiente, otro: *Francia vista desde el ejército de Italia.* A renglón seguido crea su propia imagen, con toda desvergüenza: «Bonaparte vuela como el relámpago y golpea como el rayo. Está en todas partes, lo ve todo. Es el enviado de la Gran Nación. Sabe que es de esos hombres cuyo poder no tiene más límites que su voluntad.» Cuando parte para Egipto, no se olvida de llevar una imprenta. Es una de sus armas preferidas. Lanza *El Correo de Egipto.* Conoce tan bien el poder de la prensa que al día siguiente de su golpe de Estado reconoce: «Si suelto la brida de la prensa, no me mantendré más de tres días en el poder.» Ese día –el 19 Brumario– hace publicar en *Le Journal de Paris:* «El primer guerrero de Europa, convertido en el primer magistrado de Francia, es el hombre providencial que esperaba un país agotado.» Y un año después, reforzando el mito providencial con el mito del superhombre, publica el siguiente retrato: «La fuerza prodigiosa de los órganos del Primer Cónsul le permite dieciocho horas de trabajo diario; le permite fijar su atención durante esas dieciocho horas sobre un mismo asunto o sucesivamente sobre veinte, sin que la dificultad o la fatiga de cualquiera de ellos entorpezca el examen de otro. Su capacidad de organización le permite ver más allá de todos los asuntos, mientras trata cada uno de ellos.»

La credulidad, que es un rechazo mecánico a toda crítica, una bobalicona aceptación pasiva de lo que llega por canales cualificados, es un dramático fracaso de la inteligencia. En el otro extremo, la desconfianza radical, el régimen permanente de sospecha, también lo es.

10

Afortunadamente, hemos inventado modos de evitar los fracasos cognitivos, prejuicios, supersticiones, dogmatismos, explicaciones disfuncionales, credulidad. Tras una larga experiencia de ensayos y errores, la Humanidad ha identificado diversas maneras de usar la inteligencia. Hay un uso racional y un uso irracional. Ambos manejan razonamientos, es decir, inferencias lógicas, pero tienen metas diferentes. El uso racional de la inteligencia busca evidencias universales, que se pueden compartir. En cambio, el uso irracional de la inteligencia se encierra en su mundo privado. A todos los efectos, el mundo privado puede funcionar como un módulo autónomo y blindado. Los psiquiatras saben que hay demencias muy razonadoras, pero que han perdido el sentido de la realidad. No hay que confundir *razonamiento,* capacidad de hacer inferencias lógicas y que es una facultad de la inteligencia estructural, con *uso racional de la inteligencia,* que es la utilización del razonamiento para conocer, comprender, entenderse, construir. Un proyecto de la inteligencia ejecutiva.

Mi defensa del *uso racional de la inteligencia,* de la búsqueda de evidencias intersubjetivas, compartibles, tiene un fundamento práctico. No me embelesa el brillo de la verdad, porque la ficción podría ser igualmente brillante. No es verdad, como dice Lorca, que

> Un cielo grande y sin gente
> monta en su globo a los pájaros.

Pero es tan bello que no me importaría vivir en ese mundo de cuento infantil. Lo que ocurre es que la realidad –y su embajadora subjetiva, la verdad– nos resultan indispensables. La razón es necesaria para la supervivencia y la felicidad. Le contaré una historia conmovedora. El pensamiento del niño, que al principio era egocéntrico e incoherente, va progresando hacia la lógica y la objetividad. Piaget, a pesar de estar interesado sobre todo en los aspectos cognitivos de la inteligencia, admitió que era necesaria una fuerte motivación para que el niño abandonara sus reductos íntimos y se lanzara a la conquista de la realidad. ¿Qué le impulsaba a hacerlo? Lo que mueve al niño a pasar de la evidencia privada a la evidencia intersubjetiva no puede ser la lógica, porque la lógica infantil es demasiado débil para que le preocupen las incoherencias. El impulso procede de la necesidad de relacionarse con los demás. La pasión por vivir con otras personas dirige al niño hacia un modo de *inteligencia interpersonal.*

Las necesidades vitales imponen una *adecuación* a la realidad, una *comunicación* con otros seres y una *cooperación* con ellos en el plano práctico. Todas estas cosas exigen la configuración en la conciencia del sujeto de un espacio *objetivo,* común, interpersonal y firme. El diálogo, por ejemplo, sólo es posible cuando puede salirse, aunque sea fragmentariamente, del mundo privado para acceder a la objetividad, una tierra de nadie utilizable por todos.

En esto consiste el uso racional de la inteligencia, en usar toda su operatividad transfigurada, incluido por supuesto el razonamiento, para buscar evidencias compartidas. El hombre necesita conocer la realidad y entenderse con los demás, para lo cual tiene que abandonar el seno cómodo y protector de las evidencias privadas, de las creencias íntimas. Sopesar las evidencias ajenas, criticar todas, las propias y las extrañas, abre el camino a la búsqueda siempre abierta de una verdad y de unos valores más firmes, más claros y mejor justificados. La irracionalidad, el encastillamiento en la opinión personal, lleva irremisiblemente a la violencia. Popper decía: «Conviene que combatan las ideas, para que no tengan que combatir las personas.» El uso racional de la inteligencia, indispensable para convivir, se concreta en dos grandes dominios de evidencias universales: la ciencia y la ética. He mostrado la posibilidad y necesidad de elaborar una ética universal en *Ética para náufragos* y en *La lucha por la dignidad,* escrito con María de la Válgoma. A esas obras me remito.

III. LOS FRACASOS AFECTIVOS

1

Tradicionalmente se ha dicho que las emociones son la principal causa de los fracasos de la inteligencia. La pasión ciega. La furia es una locura breve, y el amor también. La teoría de la inteligencia modular se ajusta muy bien al dinamismo afectivo. La hipocondría es un feudo de irracionalidad enquistado en una personalidad normal. Un ataque de nervios es como un cortocircuito. A la vista del poder absorbente y perturbador de las pasiones, la *ataraxia*, la *apatheia*, la abolición del deseo parecen condición indispensable para el uso racional de la inteligencia. Ya hemos visto que eso no es verdad. Incluso un budista de estricta observancia, que se empeña en la abolición del deseo, está movido por el profundísimo anhelo de eliminar el dolor. Las emociones influyen en el conocimiento, pero el conocimiento influye en las emociones. Nuestra actividad consciente emerge desde el campo afectivo. Desde Hume hasta Plutchik una idea recorre los tratados sobre la afectividad: la inteligencia está al servicio de las emociones.

Antonio Damasio, uno de los más brillantes neurólogos de la actualidad, ha demostrado convincentemente que de la razón a la acción no hay paso franco. Le haré un breve plano de nuestra arquitectura cerebral. En el sótano, en las profundidades del cerebro, se encuentra el área límbica, sede de nuestro mundo emocional. Son estructuras evolutivamente muy antiguas y tozudas. Forman un *paleocerebro*. En cambio, la corteza cerebral, jovencísima y pizpireta, dirige las funciones cognitivas, lingüísticas y lógicas. En el piso más alto de esta arquitectura –los lóbulos frontales– habita nuestra capacidad de hacer planes, tomar decisiones y dirigir todo el cotarro. Esta área tiene conexiones muy estrechas con el área emocional. Potentes vías neuronales enlazan el lóbulo frontal con el lóbulo límbico. Simplificando mucho, la razón con la emoción. Damasio demostró que cuando se seccionan estas vías de enlace –por ejemplo, por un accidente o tras una intervención quirúrgica para extirpar un tumor–, sucede un fenómeno llamativo: el paciente mantiene toda su capacidad razonadora, realiza bien los tests de inteligencia, pero es incapaz de tomar decisiones. Se enzarza en una interminable discusión íntima sobre los pros y contras de cada acción, que le inmoviliza. Steven Pinker cuenta el caso de un muchacho que se pasaba horas enteras en la ducha porque no acababa de decidir si se había aclarado ya lo suficiente. Al parecer, sin el empujón afectivo, la razón puede agotarse en una deliberación interminable.

En conclusión: la verdadera inteligencia, la que termina en conducta, es una mezcla de conocimiento y afecto. Uno tiene que ver con datos y otro con valores. Vivimos entre ambas cosas inevitablemente.

2

No hay, pues, una inteligencia cognitiva y una inteligencia emocional. Como dijo el sorprendente Aristóteles, somos *orexis noetikos* o *nous orektikos*. Deseos intelectualizados o intelectos deseantes. Esta hibridación nos permite hablar de sentimientos inteligentes y de sentimientos estúpidos. La moda de la inteligencia emocional –iniciada por Peter Salovey y lanzada al estrellato por Daniel Goleman– le atribuía cinco competencias fundamentales:

1) El conocimiento de las propias emociones.
2) La capacidad de controlar las emociones.
3) La capacidad de motivarse a sí mismo.
4) El reconocimiento de las emociones ajenas.
5) El control de las relaciones.

Estos autores recogen dos venerables consejos: conócete a ti mismo y no dejes que la pasión se adueñe de tu alma. Según el viejo mito platónico del auriga, la razón es el cochero de un carro movido por caballos díscolos y desbocados, las pasiones. Spinoza, el pulcro judío pulidor de lentes, es otro glorioso antecesor de la inteligencia emocional. Para él nuestra salvación estaba en hacer racionales las pasiones. No me extraña que Freud se sintiera fascinado por esta teoría. También él pensó que el conocimiento desactivaba las minas personales ocultas en nuestro corazón. Estoy, por supuesto, de acuerdo con ellos. Las emociones se vuelven irracionales cuando se adueñan no sólo del corazón, sino de toda la mente humana. Pero creo que nuestra geografía afectiva merece una cartografía más detallada.

La multiplicidad de experiencias afectivas puede organizarse en tres grupos: impulsos, sentimientos y apegos.

Le conviene recordar esta distinción si quiere analizar su vida íntima sin graves equivocaciones, o sea, sin irreparables estropicios.

El *nivel impulsivo* incluye los deseos, las necesidades, las tendencias, los móviles. Abre el mundo de la motivación, del dinamismo que nos lleva a los valores y nos aparta de los contravalores. «La esencia del hombre es el deseo», afirmó Spinoza. La sed, el hambre, el sexo, el afán de poder, la necesidad de ser amado, la curiosidad, pertenecen a este nivel radical. No todos deseamos lo mismo, ni de la misma manera.

El otro nivel es el *sentimental*. Los sentimientos son el balance consciente de nuestra situación, del modo como están funcionando nuestros deseos o proyectos en contacto con la realidad. La *satisfacción*, la *calma*, la *alegría* nos indican que nuestras metas se están cumpliendo. El *miedo* nos dice que nuestras expectativas están amenazadas, la *furia* que están siendo bloqueadas por algún obstáculo, contra el que nos encrespamos, la *tristeza* es la constatación de una pérdida. La *decepción* o la *frustración* nos informan de que nuestras esperanzas no se han cumplido. La *desesperación*, de que no se van a cumplir. La experiencia estética, la euforia creadora, la emoción musical, posiblemente el fervor religioso, son sentimientos que nos advierten de la presencia de grandes expectativas innatas. Nos revelan que algún gran deseo se está cumpliendo. Por eso todas las culturas, en todo tiempo y lugar, han inventado músicas, poemas, pinturas o religiones.

El tercer nivel lo componen los *apegos*. Son relaciones psicológicas que enlazan profundamente a un sujeto con otra persona o con determinado tipo de experiencias o de objetos. El apego infantil, los hábitos, las adicciones, los condicionamientos, los distintos tipos de dependencia, la costumbre, el amor, el odio, lo que los psicoanalistas llaman relaciones de objeto, son fenómenos de este tipo o pueden serlo. A veces, estamos ligados por esos apegos sin tener constancia de ello. Al estudiar la experiencia del *duelo* me encontré con un hecho obvio pero difícil de explicar. En matrimonios mal avenidos, desdichados, se podría esperar que la muerte de uno de los cónyuges sería vivida por el otro como una liberación, pero ocurre con frecuencia lo contrario, que el superviviente se siente acometido por una gran tristeza y desconcierto. Lo que se ha roto es una relación de apego –que no tiene nada que ver ni con el amor ni con la felicidad–, una cierta dependencia para vivir. Después de protestar durante años por algún comportamiento de su pareja, ahora lo echa en falta. Ha perdido el sentido de su vida que era, precisamente, sobrevivir en una situación hostil.

3

El primer fracaso de la inteligencia afectiva puede consistir en confundir los afectos. A mis alumnos más jóvenes, que están en pleno alboroto emocional, solía explicarles una lección que se titulaba: «¿Cómo sabe alguien que está enamorado?» La pregunta despertaba al principio unas nerviosas risitas adolescentes, que cesaban al percatarse de lo difícil que era contestarla. La primera respuesta –«eso se nota»– caía enseguida bajo el fuego de la crítica más elemental.

La fugitiva, de Marcel Proust, comienza con una frase estrepitosa como la caída de una vajilla: «¡Mademoiselle Albertina se ha marchado!» Durante cientos de páginas el protagonista nos ha contado que ya no amaba a Albertina, que sólo la soportaba por la molestia que le producía tener que romper con ella. «Hace un momento, analizándome, creía que esta separación sin habernos visto era precisamente lo que yo deseaba, y, comparando los pobres goces que Albertina me ofrecía con los espléndidos deseos que me impedía realizar, había llegado, muy sutil, a la conclusión de que no quería volver a verla, de que ya no la amaba. Pero aquellas palabras –"mademoiselle Albertina se ha marchado"– acababan de herirme con un dolor tan grande que no podría, pensaba, resistirlo mucho tiempo.»

El protagonista admite que hasta un momento antes de conocer la noticia, «yo creía que no amaba a Albertina; creía que lo había analizado todo exactamente, sin olvidar nada; creía conocer bien el fondo de mi corazón. Pero nuestra inteligencia, por lúcida que sea, no puede percibir los elementos que la componen y permanecen ignorados, en un estado volátil, hasta que un fenómeno capaz de aislarlos les imprime un principio de solidificación. Me había equivocado creyendo ver claro en mi corazón. Pero este conocimiento, que las más finas percepciones de la inteligencia no habían sabido darme, me lo acababa de traer, duro, deslumbrante, extraño, como una sal cristalizada, la brusca reacción del dolor».

Así pues, para Proust es el dolor de la ausencia lo que nos revela la profundidad de nuestros afectos. Pero no nos dice a qué afectos se refiere. En su caso, puede tratarse de la desaparición de un hábito, la alteración de las costumbres establecidas, la vanidad herida, la pérdida de una posesión, un vago sentimiento de inseguridad, componentes posibles del amor, pero que resultan ambiguos porque pueden también acompañar a otros afectos, incluido el odio.

Hablo del amor porque es un afecto que nos conviene analizar bien, puesto que a partir de él tomamos decisiones de drástica importancia. Los fracasos amorosos son frecuentes, normalmente dolorosos y resulta útil saber a qué se deben. Tienen dos causas obvias: 1) No era amor lo que sentía; 2) Era amor pero desapareció. Ambas cosas merecen una detenida consideración.

El amor es esencialmente un deseo y hay tantos tipos de amor como objetos de deseo. El dinero, la fama, un cuerpo, una persona, los hijos, la patria, yo mismo, Dios. Podemos definir el amor más generoso como el deseo de la felicidad de otra persona. Al ser un deseo, es fácil confundirlo con otros deseos. Cuando era adolescente leí una novela de Stefan Zweig titulada *La piedad peligrosa,* que contaba la trágica historia de una confusión. El deseo de ayudar o de aliviar el dolor de otra persona o de salvarla puede confundirse fácilmente con el amoroso. También la vanidad, que es un deseo excesivo de ser elogiado, favorece las equivocaciones. Los halagos mutuos forman parte de toda estrategia de cortejo. Lo que parece amor puede ser vanidad satisfecha. También puede confundirse la excitación amorosa con la excitación cinegética. Conquistar es un potente deseo, pero no específicamente amoroso. Sirvan estos ejemplos para ilustrar la primera causa del fracaso amoroso: creer que era amor lo que no lo era.

Para aclarar la segunda causa —era amor pero se acabó— conviene volver a la distinción entre deseo y sentimientos. El amor es un deseo, y hay deseos con fecha de caducidad. Por ejemplo, el deseo de conquistar a otra persona. Una vez saciado, desaparece irremediablemente. Y algo semejante sucede con el deseo sexual, cuando va a palo seco. La habituación física amortigua la excitación. Como decía Tono: «El cuerpo humano son habas contadas.» La persona en cambio es inagotable, por eso cuando se manifiesta a través del cuerpo puede hacerlo también inagotable. El verdadero erotismo es un asunto muy espiritual.

Hay otro motivo para la decadencia del amor. Como he explicado, el desenvolvimiento de los deseos es evaluado por los sentimientos. Los sentimientos no son, pues, el amor, sino acompañantes inevitables del amor. Los poetas, que como dijo Rilke mienten mucho, han fomentado la confusión entre ambos fenómenos. Me referiré al soneto que da la definición paradigmática del amor en castellano. El de Lope de Vega:

> Desmayarse, atreverse, estar furioso,
> áspero, tierno, liberal, esquivo,
> alentado, mortal, difunto, vivo,
> leal, traidor, cobarde y animoso;
>
> no hallar fuera del bien centro y reposo
> mostrarse alegre, triste, humilde, altivo,
> enojado, valiente, fugitivo,
> satisfecho, ofendido, receloso;
>
> huir el rostro al claro desengaño,
> beber veneno por licor suave,
> olvidar el provecho, amar el daño;
>
> creer que el cielo en un infierno cabe,
> dar la vida y el alma a un desengaño:
> esto es amor: quien lo probó lo sabe.

No. Éstos son los variados, contradictorios y confusos sentimientos que pueden acompañar el periplo amoroso, y que nos advierten de cómo nos van las cosas. En el caso de

Lope, sospecho que mal. Es fácil predecir que los amores eróticos se agostarán si sólo van acompañados de sentimientos desagradables. La inquietud, el aburrimiento, los celos, el miedo, van anemizando el deseo. Aunque a veces lo van amenizando, porque, como decía Virginia Woolf, «a la gente le gusta sentir, sea lo que sea». Nada teme más el ser humano que la anestesia afectiva. Prefiere con frecuencia el infierno al limbo. Sólo tiene que leer las cartas que Mariana Alcofarado, la monja portuguesa, escribe a su burlador: «Ámame siempre, y haz padecer más a tu pobre Mariana.» Si hay muchas relaciones de pareja que duran, cociéndose a fuego lento o vivo en este infiernillo emocional, es, casi siempre, porque se han convertido en un hábito, han establecido profundas relaciones de apego. La adicción a una droga es terrible, pero el síndrome de abstinencia es peor.

Un caso especial, al que he dedicado especial atención en el *El rompecabezas de la sexualidad,* es el amor por los hijos, con el que, según Eibl-Eibesfeldt, aparece en el universo el frondoso árbol del amor desprendido. Es un apego fundamental, que no desaparece aunque vaya acompañado de persistentes sentimientos dolorosos.

A veces, esas vinculaciones del hábito provocan equivocaciones absolutamente destructivas. Voy a transcribir un caso descrito por Walter Riso, un terapeuta hispanoamericano, que por su primitivismo resulta patéticamente ilustrativo. Una de sus pacientes le hace la siguiente descripción de su «relación amorosa»:

> Llevo doce años de novia, pero estoy comenzando a cansarme... El problema no es el tiempo, sino el trato que recibo... No, él no me pega, pero me trata muy mal... Me dice que soy fea, que le produzco asco, sobre todo mis dientes, que mi aliento huele a... *(llanto)*... Lo

siento, me da vergüenza decirlo... que mi aliento huele a podrido... Cuando estamos en algún lugar público, me hace caminar adelante para que no lo vean conmigo, porque le da vergüenza... Cuando le llevo un detalle, si no le gusta me grita «tonta» o «retrasada», lo rompe o lo tira a la basura muerto de la furia. Yo siempre soy la que paga. El otro día le llevé un pedazo de torta y como le pareció pequeño, lo tiró al piso y lo aplastó con el pie... Yo me puse a llorar... Me insultó y me dijo que me fuera de su casa, que si no era capaz de comprar una mísera torta, no era capaz de nada... Pero lo peor es cuando estamos en la cama... A él le fastidia que lo acaricie o lo abrace... Ni qué hablar de los besos... Después de satisfacerse sexualmente, se levanta de inmediato y se va a bañar... *(llanto)*... Me dice que no vaya a ser que lo contagie de alguna enfermedad... Que lo peor que le puede pasar es llevarse pegado algo de mí...

La queja de la pobre mujer tiene la intensidad de un relato de Borges. Podemos imaginar, a partir de estas líneas, el horror de la existencia. El terapeuta le pregunta: «¿Por qué no lo deja?», y ella contesta entre apenada y esperanzada: «Es que lo amo... Pero sé que usted me va a ayudar a desenamorarme..., ¿no es verdad?»
Muchas creencias acerca del amor han difundido una idea adictiva del amor, muy poco inteligente.

4

Después de un párrafo tan espeluznante, me permitirán un interludio ridículo, pero no trágico. La vanidad es un deseo estúpido y con frecuencia ruinoso. He conocido a más hombres arruinados por la vanidad que por la coyuntura económica. La vanidad es «un afán excesivo y predominante de ser admirado», dice María Moliner. Lleva a comportamientos excesivos, porque se basa en una torpe alteración de la jerarquía de los marcos. El parecer se sobrepone al ser. Dicen las crónicas que los cortesanos de nuestros reyes absolutos morían de melancolía cuando eran alejados de la corte. Morían, en realidad, de vanidad herida. La búsqueda de cargos y dignidades proporciona un desopilante espectáculo. Contemplar cómo se alza el sol sobre el horizonte es conmovedor, pero asistir al *lever* del rey Sol, en el palacio de Versalles, es una ridícula glorificación del floripondio. Era deber del jefe de lacayos separar las cortinas del lecho real. El rey abría el ojo. Se permitía entonces que entraran los dignatarios autorizados a presenciar la solemne ceremonia. Acudían los príncipes de sangre real, seguidos por el Chambelán principal, el Gran Maestre del Guardarropa y cuatro chambelanes comunes. El rey descendía del lecho y, después de una breve plegaria, el jefe de lacayos derramaba sobre las manos unas gotas de agua perfumada. El primer chambelán le acercaba las zapatillas y el Gran Maestre del Guardarropa la bata. Entonces se abría la puerta y entraba la corte, ministros, embajadores, mariscales. El rey se quitaba la bata, después el camisón y se ponía la camisa, que recibía del duque de Orleans, cuyo rango sólo era inferior al del propio rey. El Gran Maestre del Guardarropa, generalmente el duque de más edad, sostenía en sus manos las ropas usadas del día anterior. Etcétera, etcétera, etcétera.

El aburrimiento –el deseo de experiencias– bajo su inocua apariencia guarda un potencial destructivo sorprendente. Los expertos saben que la incapacidad para librarse de él y para soportarlo es uno de los fenómenos que conduce con más frecuencia a la droga. Parece que es también el responsable de buena parte de los tiroteos que se producen en Estados Unidos, el causante del vandalismo deportivo o callejero, y de otras acciones peligrosas. Un refrán castellano dice: «Cuando el diablo no tiene qué hacer, con el rabo mata moscas.» Moscas o lo que sea. En 1973 un DC-10 volaba sobre México con el piloto automático activado. El capitán y el mecánico de vuelo estaban mano sobre mano, y no debían de tener mucha conversación. Según la caja negra, el mecánico le preguntó al capitán si el piloto automático respondería al tirar de una palanca manual. Probaron a ver qué pasaba. El aburrimiento desapareció inmediatamente. Uno de los motores estalló. También el desastre de Chernóbil pudo deberse a una manipulación no autorizada por parte de un trabajador que posiblemente se aburría. No se me ha ocurrido a mí. Lo dicen Hawkes y colegas en el libro *The Worst Accident in the World* (Pan, Londres, 1986).

5

Los sentimientos son sólo experiencias que nos informan acerca de cómo se están comportando nuestros proyectos o deseos en su enfrentamiento con la realidad. Dejan de cumplir su función cuando informan sesgada o falsamente de esta situación, cuando exageran los miedos, toman como agravio los regalos, disfrutan con lo que les destruye o se sienten amenazados al ser queridos o contentos al ser degradados. La estructura afectiva de una persona, lo que he llamado estilo afectivo, puede alterar dramáticamente el ajuste con lo real. En algunas ocasiones este estilo afectivo es claramente patológico y tendría que incluirse dentro de la *inteligencia dañada*. Hay una depresión y unos miedos patológicos. Pero en otros casos vemos que no son fruto de ningún determinismo biológico, sino de una deriva biográfica. La inteligencia, nuestro gran recurso, resulta zarandeada por sentimientos que no sabe manejar. Nuestro estilo de sentir es depresivo, furibundo, exaltado, melancólico, abúlico, optimista, pesimista, amoroso, híspido. Esto quiere decir que respondemos de esta manera a muchas situaciones. Son pautas sentimentales, módulos enrocados que forman parte de nuestra personalidad. Interpretan la realidad. Ni mienten por completo, ni son por completo objetivos. Fernando Pessoa ha descrito en su poesía un modo de sentir. Le invaden oscuras desolaciones, entonces:

¡Qué profunda inquietud, qué desear otras cosas,
qué no países ni momentos de vidas,
qué desear tal vez otros modos de estados de alma
humedece por dentro este instante tan lento y lejano!

Hay personalidades que parecen poco dotadas para la felicidad, porque en cada bache ven un precipicio y en cada decepción una tragedia. No tienen ilusiones e incluso las desdeñan, como el mismo Pessoa en el *Libro del desasosiego*: «El cansancio de todas las ilusiones... Su pérdida... La inutilidad de tenerlas... El antecansancio de tener que tenerlas para perderlas... La amargura de haberlas tenido... La vergüenza intelectual de haberlas tenido sabiendo que tendrían tal fin.» Pessoa armó minuciosamente la trampa donde se iba a meter.

Otras personalidades, en cambio, tienen una mirada aguda para percibir lo estimulante. Basta comparar los versos de Pessoa con los de Walt Whitman:

¡Ay, vivir un poema de nuevas alegrías, siempre!
¡Danzar, aplaudir, exultar, gritar, saltar, brincar,
[seguir viviendo, seguir flotando!
Ser marinero del mundo, en dirección a todos los
[puertos.
Ser un barco (mirad las velas que extiendo al sol
[y al aire).
Un barco desbordante y raudo, lleno de palabras
[ricas, lleno de alegrías.

Es posible que, para leerla, prefiera la poesía de Pessoa a la de Whitman, que agota un poco. Pero en la vida real, no en la leída, ¿quién no prefiere la alegría a la tristeza, la serenidad a la angustia, el ánimo a la depresión, la exaltación a la melancolía, el amor a la envidia, la generosidad al odio, la intrepidez a la medrosidad? Lo malo es que al llegar a la edad adulta nos encontramos con un estilo sentimental hecho, que configura el núcleo duro de nuestra personalidad. En una palabra, las personas difieren en su habilidad general para ser felices. Para algunos autores, como Jahoda, la capacidad para disfrutar de la vida es un criterio de salud mental. Voy más allá y, con todas las cautelas que ya trataré, me parece que esa capacidad podría ser un criterio de inteligencia. Una estructura mental que incapacitara a una persona para disfrutar de lo bueno que tiene, no me parece inteligente. Está claro que hay circunstancias trágicas que provocan una desdicha inevitable, pero no me estoy refiriendo a eso, sino a los casos en los que una persona podría ser feliz y lo desdeña. Garcilaso escribió un verso perspicaz y miserable: «Dulce cual fruta del cercado ajeno.» La incapacidad para reconocer la dulzura de la fruta del cercado propio es una estupidez. Una muestra más de nuestra tenacidad en amargarnos la vida.

6

Parece que estamos inermes ante esos estilos afectivos, que forman, por aprendizaje, parte de nuestra inteligencia computacional. «El carácter del hombre es su destino», decía el viejo Heráclito, y a veces no especialmente grato. Unamuno cuenta en *Abel Sánchez* la historia de un hombre mortificado por la envidia. Vive a través de ella. El envidioso vigila las venturas del envidiado, rebaja sus méritos o, al contrario, los ensalza desmesuradamente para tranquilizar su conciencia. Construye alrededor de sí un mundo especial, una narración sesgada, en la que todos los indicios sirven para robustecer su creencia. Vive en su sentimiento, identificado con él, absorto en él, sin capacidad para dar un paso atrás y observarse. Cree que percibe cuando en realidad interpreta. Joaquín Monegro, el personaje de la novela de Unamuno, arrebatado por su pasión, no cree que sea envidia lo que siente. Piensa que percibe objetivamente la malignidad de sus envidiados: «Ellos se casaron por rebajarme, por humillarme, por denigrarme; ellos se casaron para burlarse de mí; ellos se casaron contra mí.»

La envidia es un estilo afectivo intrigante. Todos podemos «envidiar» a alguien más guapo, más poderoso, más feliz, más gracioso. Siempre hay alguien que nos gana en algo. ¿Por qué unas personas experimentan envidia y muchas otras no? ¿Por qué en algunos ese sentimiento organiza la vida entera? Vives decía que era hija de la soberbia y de la pequeñez, y se percata de que es un sentimiento vergonzoso. «Por ello nadie se atreve a confesar que envidia a otro; más pronto reconocería uno que está airado o que odia o incluso que teme, pues tales pasiones son menos vergonzosas e inicuas.» Esto revela que, para el mismo sujeto que lo siente, la envidia es manifestación de una carencia. El envidioso desearía no vivir envenenado por ese monstruo amarillo, pero siente una y otra vez que fracasa en el empeño. Sin embargo, cada día sabemos más sobre las variadas formas en que se aprenden esos hábitos del corazón. Muy cercanos a la envidia están los celos, un sesgo afectivo que oscila entre la normalidad y la patología, como ha estudiado Castilla del Pino.

El resentimiento es otro estilo afectivo que suplanta la vida entera. Es la contumacia en no olvidar un daño. «La agresión queda presa en el fondo de la conciencia, acaso inadvertida; allí dentro, incuba y fermenta su acritud; se infiltra en todo su ser; y acaba siendo la rectora de nuestra conducta y de nuestras menores reacciones. Este sentimiento, que no se ha eliminado, sino que se ha retenido e incorporado a nuestra alma, es el resentimiento», escribió Marañón en su obra *Tiberio. La historia de un resentimiento*. Como todos los estilos afectivos, altera la sensibilidad entera. Hay una frase de Robespierre, posiblemente un resentido, que no se puede leer sin escalofrío: «Sentí, desde muy temprano, la penosa esclavitud del agradecimiento.» Nietzsche y Scheler describieron el poder del resentimiento para alterar toda la jerarquía de los valores. «Es una autointoxicación psíquica —define Scheler— que surge al reprimir sistemáticamente la descarga de ciertas emociones y afectos, los cuales son normales y pertenecen al fondo de la naturaleza humana (por ejemplo, la venganza); tiene por consecuencia ciertas propensiones permanentes a determinadas clases de engaños valorativos y juicios de valor correspondientes.» Es, como la envidia y los celos, con los que está muy emparentado, un estilo afectivo que conduce al fracaso vital, porque la víctima vive una vida enajenada, dirigida desde fuera por el agresor cuyo daño hace pervivir irrestañablemente.

Ya dije que el fracaso de la inteligencia se debía a que un módulo encapsulado dirigía la conducta implacablemente. Envidia, celos, resentimiento son claros ejemplos. Shakespeare comprendió a la perfección sus mecanismos, por eso podría haber ilustrado este libro con ejemplos sacados de sus tragedias. *Ricardo III* cuenta la historia de una inteligencia deformada por el rencor. Nada más alzarse el telón el protagonista nos lo explica, y su explicación es de tal belleza que la transcribo entera:

> Ya el invierno de la desventura se ha transformado en un glorioso estío. Nuestras temibles marchas se han truncado en regocijados bailes. El duro rostro del guerrero lleva pulidas las arrugas de su frente; y ahora, en vez de montar los caparazonados corceles, para espantar el ánimo de los feroces enemigos, hace ágiles cabriolas en las habitaciones de las damas, entregándose al deleite de un lascivo laúd. Pero yo, que no he sido formado para estos traviesos deportes, ni para cortejar a un amoroso espejo; yo, groseramente construido y sin la majestuosa gentileza para pavonearme ante una ninfa de libertina desenvoltura; yo, privado de esta bella proporción, desprovisto de todo encanto por la pérfida Naturaleza; deforme, sin acabar, enviado antes de tiempo a este latente mundo; terminado a medias, y

eso tan imperfectamente y fuera de la moda que los perros me ladran cuando ante ellos me paro; yo, en estos tiempos afeminados de paz muelle no hallo delicia en que pasar el tiempo a no ser espiar mi sombra al sol, y hago glosas sobre mi propia deformidad. Y así, ya que no puedo mostrarme como un amante, para entretener estos bellos días de galantería, he determinado portarme como un villano y odiar los frívolos placeres de estos tiempos. He urdido complots, inducciones peligrosas, valido de absurdas profecías, libelos y sueños, para crear un odio mortal entre mi hermano Clarence y el monarca.

Ricardo III es razonador y hábil, consigue sus metas mediante cálculo y astucia, pero su inteligencia me parece malograda. Sólo percibe la realidad a través de su deficiencia. Algo parecido le ocurrió al duque de Bomarzo, que en la segunda mitad del siglo XVI construyó su jardín como una sistemática deformación de la realidad. Se encuentra en Viterbo, a unos cuantos kilómetros de Roma, y, según lo explica Louis Vax, «todo está pervertido, deformado; cuerpos humanos, arquitectura, la naturaleza misma. Leemos en las inscripciones, que pueden descifrarse en medio de la jungla, que se quiso crear un bosque sagrado "que no se pareciera a ningún otro", que no se pareciera más que "a sí mismo"».

Escojo estos ejemplos como gran metáfora. Un sentimiento de odio, rencor, vergüenza, envidia puede alterar completamente la visión de las cosas. Se convierte en el marco de mayor jerarquía psicológica, y ya veremos por qué no debe serlo.

7

Los estilos afectivos, que son laboriosas construcciones biográficas, forman parte de nuestro carácter. Son aprendidos y, a veces, pueden ser desaprendidos. Como más vale prevenir que curar, trabajo en una *psicología emergente*, que estudie la emergencia de una personalidad a partir de la fisiología, del temperamento, la educación, el entramado social. Se trata de una psicología evolutiva y evaluativa que tiene como meta ayudar a la aparición de una personalidad inteligente, es decir, en las mejores condiciones posibles para ser feliz, y que tiene su prologación en una *pedagogía de la posibilidad, de la creación y de los recursos personales*.

A un especialista en «psicología de la personalidad» posiblemente le resultará raro y acaso intolerable oír hablar de la «personalidad como meta». Para él la personalidad no está al final sino al principio del comportamiento, es un hecho comprobable y medible, el conjunto de rasgos estables de una persona, su estilo de sentir, de pensar y de actuar. Sirve, por una parte, para reconocer su identidad; y por otra, para distinguirle de los demás. Forma parte del primer piso de la personalidad, de la personalidad estructural, computacional. No puedo cambiarla mediante mis actos, porque mis actos derivan de esa personalidad.

He propuesto en todos mis libros una teoría de la personalidad más articulada, que me parece válida, y útil para la vida práctica. Regresaremos una vez más al aula. Distingo tres etapas en la emergencia de la personalidad. A partir de una matriz biológica se van construyendo las otras dos, mediante complejos procesos educativos, madurativos y experienciales. Las tres etapas son:

Personalidad recibida: es la matriz personal, genéticamente condicionada. El peculiar reparto de cartas que nos ha correspondido al comenzar el juego de la vida. Sus elementos principales son las funciones intelectuales básicas, el temperamento y el sexo.

Personalidad aprendida: es el carácter. El conjunto de hábitos afectivos, cognitivos y operativos adquiridos a partir de la personalidad base. Es lo que los clásicos llamaban «segunda naturaleza». Sin duda son muy estables, pero son aprendidos. Aquí hay que situar los estilos afectivos. Constituye, junto a la interior, la inteligencia computacional.

Personalidad elegida: es el modo como una persona concreta en una situación concreta se enfrenta o acepta su carácter y juega sus cartas. Incluye el proyecto vital, el sistema de valores, el modo de desarrollar ese proyecto en una circunstancia concreta. Es obra de la inteligencia ejecutiva.

Lo representaré en un sencillo esquema, para que no se me pierda:

Inteligencia básica + temperamento + sexo = *personalidad recibida*

Personalidad recibida + hábitos = *personalidad aprendida (carácter)*

Carácter + planes + comportamiento = *personalidad elegida*

Todos nacemos con una personalidad recibida, una matriz personal que nos hace propensos a la felicidad o a la desdicha. Los psicólogos infantiles que han estudiado el temperamento hablan de niños difíciles o de niños con un *tono hedónico negativo*. Afortunadamente no se trata de un determinismo biográfico irremediable. Salvo en casos patológicos, las propensiones temperamentales pueden cambiarse o al menos reciclarse. A mis alumnos más jóvenes suelo decirles que la inteligencia humana se parece mucho al juego de póquer. Al comenzar la partida, al nacer, nos reparten unas cartas, genéticas o de baraja. Hay naipes mejores y naipes peores, y es mejor tenerlos buenos. Pero no suele ganar el que tiene la mejor baza, sino el que sabe jugar mejor. Al educar la inteligencia lo que estamos haciendo es enseñar a jugar bien... con lo que se tiene, que muchas veces no es mucho.

(Una nota anticipatoria: más adelante explicaré que una de las metas de la inteligencia social —la que nos ha hecho inventar la enseñanza obligatoria, la seguridad social, el sistema de derechos— es *limitar el poder del azar y la fortuna*. Es decir, intentar que el influjo de las cartas repartidas sea el menor posible.)

8

Los estilos afectivos son uno de los componentes del carácter. Como todos los hábitos, acaban formando parte de la inteligencia computacional. Van a su aire. Son fuente de ocurrencias, mecanismos activos de la memoria, una segunda naturaleza. Seleccionan información, dirigen la experiencia, animan a la acción o la disuaden. Pero, atención, son aprendidos y eso nos abre la puerta para intervenir en la construcción de nuestra maquinaria mental, de nuestra inteligencia computacional.

Para saber cómo podemos ayudar a su construcción o

deconstrucción, conviene analizar la estructura de esos hábitos del corazón.

Tres son sus ingredientes principales: 1) El sistema de deseos y proyectos. 2) Las creencias sobre el funcionamiento del mundo y sobre lo que podemos esperar de él. 3) Las creencias sobre uno mismo mismo y sobre su capacidad para enfrentarse con los problemas. Es fácil ver que se mezclan hábitos afectivos y hábitos cognitivos. Así estamos hechos.

Nuestros *deseos básicos* se prolongan en proyectos, que nos permiten dirigir la acción y seducirnos desde lejos. Por ello son uno de los vectores dinámicos que intervienen en nuestro balance emocional. Si he concebido el proyecto de triunfar en el mundo de los negocios, me sentiré frustrado aunque haya triunfado en la vida amorosa, por ejemplo.

El segundo factor lo componen las *creencias sobre cómo funciona el mundo y las expectativas que podemos tener sobre la realidad*. Por debajo de sentimientos que parecen espontáneos y originales actúan creencias, fundamentalmente implícitas. Hasta los celos dependen de ellas. En las sociedades en que el «somos» prevalece sobre el «soy», las relaciones sexuales promiscuas no amenazan la estructura personal. Hupka comenta que a principios del siglo XX los toda de la India vivían así. No sentían celos cuando su pareja tenía relaciones sexuales con un miembro de su grupo, pero los experimentaba si la mujer los mantenía con alguien que no fuera de la tribu.

Las creencias son protagonistas de un «hábito sentimental» que en la actualidad preocupa a toda persona sensata. Me refiero a los nacionalismos. De entrada, hay un problema terminológico: llamamos «patriotismo» al sentimiento que uno siente hacia su propio país, pero podemos llamar peyorativamente «nacionalismo» al patriotismo que otra gente siente por el suyo. Es un asunto educativamente complicado, del que en este momento sólo intento desmenuzar su estructura psicológica. Se funda en una necesidad básica: pertenecer a un grupo. Unas personas lo sienten más que otras. Es el nivel de motivación o deseo que he mencionado como primer factor del estilo sentimental.

A partir de ese deseo básico comienza la intervención cognitiva. La identificación con el grupo se ve determinada por dos elementos. En primer lugar, por la definición del grupo. En segundo lugar, por las relaciones entre el individuo y el grupo que impone cada cultura.

La definición del grupo se inculca a los niños como una creencia básica y me temo que peligrosa. En primer lugar, porque se convierte en absoluto un criterio relativo. El niño puede aprender a ser donostiarra, o a ser vasco, o a ser español, o europeo, o ser humano. ¿Cómo se decide la identificación óptima sin caer en la arbitrariedad afectiva o en la casualidad histórica? ¿Cuál es su nación: San Sebastián, Guipúzcoa, Euskalerría, España, Europa, o la Tierra? Hay un segundo problema. La psicología ha estudiado el desarrollo del sentimiento de vinculación nacional. A los cuatro años, los niños ya prefieren su propio país, y el sentimiento de orgullo patrio forma parte de su autoestima desde muy pronto. La identidad nacional aparece acompañada de un prejuicio contra las demás naciones, porque los niños necesitan hacer diferenciaciones tajantes, y valorar lo propio como bueno y lo ajeno como malo es un criterio sencillo. Todos los niños son maniqueos sin saberlo. Otro método simplificador consiste en reducir la percepción de los demás grupos a un estereotipo. Las diferencias culturales pueden llevar al antagonismo directo por falta de un sentimiento de humanidad compartida. Son muchos los pueblos que se llaman a sí mismos «los humanos», con lo que todos los extranjeros quedan expulsados de tal categoría.

En resumen, sobre la matriz personal, y con la participación de distintos tipos de creencias, cada persona va configurando sus hábitos afectivos, es decir, sus formas de apego, sus estilos de motivación y sus estilos sentimentales.

¿Y los que ya han experimentado la consolidación de los años, esa rigidez interior que se prolonga con la rigidez de la situación, con el estatus conseguido, esa especie de esqueleto externo? ¿Deben resignarse a tan desabrida coagulación de su destino? Cambiar es la gran esperanza de mucha gente, que acude en tromba a los libros de autoayuda o a las consultas de psicoterapeutas de todo pelaje, en busca de un pequeño consuelo. ¿Es posible cambiar? Sí, pero se trata de reconstruir una personalidad más inteligente desde abajo, consiguiendo que los grandes esquemas de regulación negocien bien con los pequeños reinos de taifa psicológicos. La democracia vale incluso como recurso íntimo. Es tarea que exige la misma paciencia que aprender un idioma nuevo porque, en el fondo, de eso se trata, de aprender a leer el mundo de otra manera.

IV. LOS LENGUAJES FRACASADOS

1

Martha y George son cultos, irónicos, ingeniosos y casados. Necesitan vivir juntos para dedicarse a una minuciosa tarea de demolición mutua. Lo cuenta Edward Albee en su obra *¿Quién teme a Virginia Woolf?* Es una historia de inteligencias fracasadas, consumidas por la frustración y el resentimiento. A la vuelta de una fiesta dada por el rector de la universidad, padre de Martha, el matrimonio se enzarza en un juego despiadado, mitad esgrima y mitad despellejamiento. Ella quiere seguir bebiendo, mientras esperan a unos invitados.

MARTHA: ¡Ja, ja, ja, ja! Anda, prepárame otra bebida..., machote.
GEORGE: *(toma su vaso)* Anda que cómo le das...
MARTHA: *(imitando a un bebé)* La nena tiene sed.
GEORGE: ¡Por Dios!
MARTHA: *(paseándose)* Mira, cariño, a beber te gano cuando me dé la gana... ¡así que no te preocupes de mí!
GEORGE: Martha, ya hace años que te di el premio... No queda abominación en la que no hayas ganado...

MARTHA: Te lo juro... si existieses me divorciaría de ti.
GEORGE: Vale, pero mantente en pie, por lo menos eso... Esa gente son invitados tuyos, y...
MARTHA: Ahora ya ni te veo... No consigo verte desde hace años...

El lenguaje, gran sistema de comunicación y entendimiento, se ha convertido en letal arma de destrucción doméstica. El 80 por ciento de las mujeres españolas se quejan de que sus parejas no hablan lo suficiente. En Estados Unidos la tasa llega al 84. Es un triste consuelo. Los lenguajes fracasados envenenan la vida de muchas personas. El asunto es grave porque nuestra inteligencia es estructuralmente lingüística y nuestro hábitat también lo es. Por eso continúo estando de acuerdo con uno de mis maestros, el filólogo Émile Benveniste, cuando decía: «*Bien avant de servir à communiquer, le langage sert à vivre.*» En efecto, la palabra sirve, sobre todo, para vivir.

Con la aparición de la palabra se duplicó el mundo. Más aún, se duplicó también la inteligencia humana que se convirtió en dialogante consigo misma. Nos pasamos la vida hablando con los demás, pero también hablándonos. Nos hacemos preguntas, nos recriminamos, nos contamos nuestra propia historia, nos damos órdenes. ¿Con quién discuto cuando busco una excusa para irme a jugar al billar en vez de continuar escribiendo? Esta fractura íntima, esta dualidad personal me obliga a estudiar dos casos diferentes:

Fracasos al hablar con nosotros mismos.
Fracasos al hablar con los demás.

2

El lenguaje es uno de los sistemas transversales que sirven para unificar los módulos de nuestra inteligencia. Sus funciones integradoras son múltiples. Es la gran herramienta de la inteligencia ejecutiva. Vuelve consciente lo que sucede en la inteligencia computacional, nos permite buscar en la memoria, hacer planes, darnos órdenes a nosotros mismos. En uno de los libros de psicología más influyentes del siglo pasado –*Planes y estructura de la conducta*, de Miller, Galanter y Pribram– se lee: «Los planes voluntarios más elaborados implican una explotación autoconsciente del lenguaje. El habla interior constituye el material del que está hecha nuestra voluntad.»

Hay dos funciones lingüísticas esenciales: transmitir información e influir en la conducta, mediante peticiones, preguntas, ruegos, órdenes, amenazas, seducciones. Estas dos funciones se realizan no sólo hacia el exterior, sino también hacia el interior.

Al parecer, también nuestra conciencia se teje con palabras. Éste fue un descubrimiento sorprendente de mi admirado Sperry, de quien ya le hablé. Para curar epilepsias incontrolables ensayó unas operaciones quirúrgicas que separaban los dos hemisferios cerebrales, seccionando el mazo de conexiones neuronales que los unen, el llamado cuerpo calloso. Aparentemente, esa operación tan espectacular no provocaba ninguna secuela a los pacientes. Sin embargo, una observación más detenida permitió constatar que la información que llegaba a un hemisferio era desconocida por el otro. La inteligencia computacional se había dividido, y cada una de sus mitades, cada uno de los hemisferios, tomaba decisiones o procesaba la información por su cuenta. Pero ¿de cuál de las dos «personalidades» era consciente el sujeto? ¿Con cuál se identificaba? ¿Cuál dirigía el comportamiento voluntario? ¿En cuál de ellas residía la inteligencia ejecutiva? Pues en la que tenía su sede en el hemisferio izquierdo, es decir, el lingüístico. Para decirlo en una forma estrepitosa: ¿Quién soy yo? El que habla de forma ejecutiva a mí mismo. Qué lío.

El lenguaje nos permite hacernos conscientes y adueñarnos en parte del mecanismo cimarrón de nuestra inteligencia computacional, que trabaja sin cesar fuera del alcance de nuestra conciencia, a su aire. Freud lo dijo con una frase muy expresiva: *wenn man ihn dann nötigt, seinem Affekt Worte zu verleihen,* la curación llega «si se le obliga a prestar palabras a su afecto». Lo que enferma al paciente es el silencio. El lenguaje es lo que permite el paso de lo inconsciente a lo consciente. En *El yo y el ello* (1923), Freud escribe: «La diferencia que hay entre las ideas inconscientes y las preconscientes consiste en esto: en que las primeras se realizan en un material que sigue siendo desconocido; mientras que las segundas (las preconscientes) se conectan, además, con su manifestación en palabras.» Por eso la regla fundamental del psicoanálisis es «dígalo en voz alta», una frase que Freud y Jung utilizaron en su correspondencia.

¿Es verdad lo que dice Freud? Es cierto que una subjetividad inarticulada proporciona un empobrecimiento vital, una tosquedad afectiva. Hay pruebas convincentes de la relación entre dificultades del lenguaje y agresividad. Un gran porcentaje de los niños que son llevados al psicólogo por problemas de violencia muestra problemas de lenguaje que, en ocasiones, no habían sido previamente detectados. Es también verdad que los expertos descubren en los niños impulsivos un fracaso del habla interior para controlar la conducta. Y es verdad que en los libros de psiquiatría se empieza a hablar de la *alexitimia,* la incapacidad de una persona para reconocer y expresar sus sentimientos.

Sin la ayuda del habla interna, nuestra subjetividad permanece inarticulada, empastada y borrosa. Nos vemos zarandeados por emociones innominadas que no entendemos. «No sé lo que significa que yo esté tan triste», gime Heine en un poema, y le comprendo. Necesitamos analizar nuestros propios sentimientos aprovechando los recursos que el lenguaje nos proporciona. Gracias a él podemos fijar la atención en nuestra propia vida consciente. Es el órgano de la reflexión. Pero hay dos fracasos de esta lingüística subjetiva. Uno por defecto y otro por exceso. La ausencia de análisis introspectivo produce inteligencias impulsivas, toscas, imprevisibles, pero el exceso de análisis, la rumia continuada, es paralizante. El punto justo, en esto como en muchas cosas, lo dictamina la acción. Es adecuado el nivel de introspección que mejora nuestro ajuste con la realidad, nuestras posibilidades de ser felices.

3

Apliquemos el zoom al fenómeno que acabo de mencionar: nos hablamos sin parar a nosotros mismos. «El hombre es un diálogo íntimo», escribió Pascal. En nuestro interior nos transmitimos información y también nos damos órdenes y hacemos preguntas. Da la impresión de que el lenguaje no sirve sólo para comunicarnos con los demás, sino para comunicarnos con nosotros mismos. Y esto, a mí al menos, me resulta muy chocante. ¿Por qué lo hacemos? Aprendemos a manejar nuestra propia inteligencia en sociedad, mediante el lenguaje, y así seguimos haciéndolo toda la vida. ¿Por qué nos hacemos preguntas a nosotros mismos? ¿No es un comportamiento expletivo e inútil? Yo soy el que pregunta y yo soy el que responde. ¿A qué viene este juego de duplicidades? Daniel Dennett se ha hecho la misma pregunta y ha supuesto que a lo largo de la evolución el hombre se acostumbró a pedir ayuda a su prójimo, y en un crucial momento se percató de que se había producido un inesperado cortocircuito en esa relación social. «Pidió ayuda en una circunstancia inadecuada, cuando no había oyentes que pudieran escuchar y responder a su requerimiento ¡salvo él mismo! Cuando el hombre oyó su propia petición, la estimulación provocó la clase de respuesta "útil" que habría provocado la súplica de otro, y para su delicia la criatura *comprobó que había inducido la respuesta a su propia pregunta*. Había descubierto la utilidad de la autoestimulación cognitiva.»

Todo esto nos fuerza a admitir que la mente «individual» es en realidad «social», en su génesis y en su funcionamiento. El lenguaje interior se origina por introyección del habla comunicativa, y de ella retiene sus propiedades. Los signos, en su carácter externo, son instrumentos objetivos de la relación con otros. Un signo proferido es ante todo un instrumento para influir psicológicamente en la conducta, tanto si se trata de la conducta del otro como de la propia. El lenguaje nació en el mundo de la vida, que es atareado y práctico. Comenzó siendo usado para fines sociales —la colaboración, la advertencia, la amenaza, la enseñanza—, y sólo más tarde se convirtió en instrumento para influir en uno mismo. La intención del hablante —señala Schlesinger— es primariamente imperativa: pretende dirigir la conciencia o la atención del oyente.

Al volverse interior se convierte en instrumento interno y subjetivo de la relación con uno mismo. Ya no estoy dialogando con otro, sino conmigo. Y lo hago por medio de una herramienta social, que imprime toda su sociabilidad a mi actividad mental. «La conciencia», escriben Silvestri y Blanck, «aparece entonces como una *forma de contacto social con uno mismo.*»

4

Aquí puede aparecer otro tipo de fracaso en mi habla interior.

El primero, no lo olvide, era la incapacidad de volver consciente lo que soy. Ahora me preocupan los mecanismos lingüísticos, cuya rigidez puede convertirlos en suicidas o asesinos. Son rutinas infernales. La rumia, por ejemplo. Una preocupación desencadena un *ritornello* fatídico, produce frases que se repiten una y otra vez, en un círculo tóxico, que agota sin avanzar. Convierten a la víctima en un rumiante eterno, porque nunca digiere lo rumiado. A mí me recuerda una imagen de la infancia: las norias que sacaban agua de mi querido Tajo. Un paciente animal, al que solían tapar los ojos, daba vueltas en círculo, volviendo a andar un camino sin término y sin destino. En la noria mental de la preocupación –y no digamos de la noria patológica de la obsesión–, el discurso se hace circular, se estanca. Las enfermedades mentales proporcionan un terrible ejemplo de cómo la inteligencia computacional produce esas ocurrencias aprisionadas. Tellenbach, al describir las grandes depresiones, comenta que no es acertado decir que los pacientes hablan depresivamente. Sería mejor decir que la depresión habla por los pacientes, a la vista del rutinario despliegue del proceso patológico.

Nuestro hablar no es único ni uniforme. Dentro de cada uno puede habitar la discordia o la pluralidad. Hay aquí un tipo de fracaso que conviene analizar. Cada deseo, cada sentimiento, cada actitud puede convertirse en una voz. Hay módulos afectivos muy locuaces. Los deseos lo son. «De la abundancia del corazón habla la boca», dice el viejo proverbio. El deseo de conquistar o el deseo de hacer daño despiertan una locuacidad inagotable. Hay sentimientos habladores –la alegría, por ejemplo– y sentimientos taciturnos –la tristeza y el aburrimiento.

Esas voces tienden a engallarse, a proclamar su independencia, adquiriendo una realidad que va más allá de las palabras. A veces consiguen tal autonomía, que el sujeto olvida que son creaciones de la mente. Así ocurre en los enfermos psicóticos que sufren alucinaciones. La patología, en ocasiones, no es más que la exageración de lo normal. Los alucinados interpretan como reales ocurrencias puramente mentales. Por ejemplo, oyen voces. Transcribo un caso contado por Castilla del Pino en su *Teoría de la alucinación*. Un paciente cuenta lo que oye:

«Son voces de niño y de mujer y también de personas mayores. Me dicen que soy un buen arquitecto, me dan ánimos. Ayer me decían: "Tú eres el mejor arquitecto de La Coruña, tú eres grande, tú tienes que animarte y lo conseguirás." Pero también se meten conmigo o me dicen por ejemplo: "Tienes que hundir a tu familia." La voz es chillona, metálica, la que dice que hunda a mi familia... es una voz en off.»

5

En las personas normales surge una voz que suele tener una autonomía igualmente poderosa. La voz de la conciencia. ¿Quién habla en ella? Kant hablaba de esa «asombrosa facultad» de la conciencia moral, a la que describe como una relación autorreferente: «Pone al hombre por testigo *contra o a favor de sí mismo.*» Freud la denominó superego y la interpretó como una presencia coercitiva de la voz paterna. Batjin, desde una óptica marxista, decía que «esa voz independientemente de nuestra voluntad y de nuestra conciencia, coincide con la visión, con las opiniones y con las valoraciones de la clase a que pertenecemos. La segunda voz es siempre la voz del representante más típico, ideal, de nuestra clase». Heidegger se refirió a una dualidad parecida: una es la voz inauténtica –voz social, prestada, disipada en los acontecimietnos cotidianos– y otra es la voz de la autenticidad.

Somos a la vez jueces e imputados, y si el código que utiliza el juez es equivocado, si esa voz imperativa, que por otra parte es necesaria, está equivocada, por laxitud o por dureza, el fracaso del lenguaje va a ser profundo y doloroso. La voz de la conciencia, que nos avergüenza, culpabiliza, vigila, puede convertirse en un módulo autónomo, incapaz de rendirse a ningún tipo de argumento o de evidencia. En una palabra, destructivo.

He inventariado algunos fracasos de nuestra habla íntima. El lenguaje interior fracasa cuando no es capaz de dirigir la conducta, o cuando se somete a módulos expresivos –originados por creencias, sentimientos, presiones sociales– rígidos, encapsulados, que si llegan al poder producen desdichas sin cuento. La irrupción de los automatismos y la claudicación de las instancias liberadoras –la inteligencia ejecutiva– explican estos fracasos, como todos los demás. La inteligencia está a merced de una algarabía de voces inconexas. Los sabios hindúes que inventaron el yoga pretendían elaborar una técnica para acallar esas voces ensoberbecidas. Creían que sólo podrían mirar las cosas con serenidad, como dijo San Juan de la Cruz, «estando ya mi casa sosegada».

6

Voy a mencionar un peculiar mecanismo lingüístico especialmente influyente. Normalmente vivimos y paralelamente al vivir comentamos con nosotros mismos lo que vivimos. Esta crónica depende fundamentalmente del estado de ánimo y de la actitud, que son grandes productores de significados. Una persona susceptible va a subtitular todas las cosas con un comentario ofendido. Un poeta, de comentarios poéticos. Somos comentaristas de nosotros mismos, y con estos comentarios a veces nos animamos y a veces nos destruimos. Alguna escuela de psiquiatría está muy interesada por el especial currículum vitae que nos hacemos para nosotros mismos, porque puede ser un incordio vital. Unas personas se contarán a sí mismas cualquier acontecimiento como un fracaso, o un peligro, o una culpa. La locuaz inteligencia computacional puede ser terrible a veces.

Algunos de estos comentarios pueden intervenir en la conversación explícita mediante una *conversación sumergi-*

da, apostilladora, que duplica el diálogo de tal manera que se intercalan dos personas que hablan y dos que monologan a escondidas, con lo que el entendimiento se hace imposible. Un ejemplo que tomo de Aaron Beck:

LAURA: ¿Te quedarás en casa esta noche? Creo que tengo gripe.

FRED: Me he comprometido a visitar a Joe (un compañero de trabajo).

LAURA: *(Si no me hace ese pequeño favor, ¿cómo podré contar con él cuando tenga un problema más serio?)* Nunca quieres quedarte en casa; rara vez te pido que hagas algo.

FRED: *(Si ella insiste en tenerme en casa por algo tan pequeño, ¿qué ocurrirá cuando suceda algo importante, como cuando tengamos hijos? No es razonable en absoluto. Si tengo que someterme a cualquier deseo de ella, no podré respirar.)* Lo lamento, pero de verdad tengo que ir.

LAURA: *(No puedo confiar en él. Debería liberarme de esta relación mientras puedo y encontrar a alguien en quien confiar.)* Anda, si quieres ir. Encontraré a alguien que se quede conmigo.

Esta ocultación es un fracaso.

7

El ejemplo anterior nos ha introducido en un tipo de situación –la amorosa– que me interesa especialmente. Se supone que en ella la comunicación debería ser más fácil, pero en realidad es origen de las incomunicaciones más dolorosas. Voy a hablar de cuatro tipos de fracasos: el silencio, la sumisión al automatismo del discurso, el malentendido, la sumisión a la mecánica del género.

1) El primer fracaso del lenguaje es su ausencia. Dije antes que el silencio puede ser antesala de la serenidad, pero ahora me estoy refiriendo a la ausencia de lenguaje. Con el silencio sucede lo mismo que con la soledad. Puede considerarse una situación real –no hablar o no estar acompañado–, puede considerarse un logro, y puede considerarse una carencia cuando se necesita o se espera una compañía o una palabra, y no aparecen.

El silencio en las parejas es un fenómeno tan constante que merecería todo un tratado de lingüística, que, no se lo oculto, me gustaría escribir. Hay muchas parejas que desearían hablar, pero a las que no se les ocurre nada. Este bloqueo de ocurrencias, es decir, esta resistencia que la inteligencia computacional ofrece a nuestros deseos, constituye un dramático fracaso. Si la abundancia del corazón abre la boca, la sequedad de corazón la cierra. Hay un terrible poema de Jacques Prévert que condensa esa situación:

> Ha echado el café
> En la taza
> Ha echado la leche
> En la taza de café
> Ha echado el azúcar
> En el café con leche
> Lo ha revuelto
> Con la cucharilla
> Ha bebido el café con leche
> Y ha dejado la taza
> En el plato
> Sin hablarme

Ha encendido
Un cigarrillo
Ha hecho anillos
Con el humo
Ha dejado las cenizas
En el cenicero
Sin hablarme
Sin mirarme
Se ha levantado
Se ha puesto
El sombrero
Se ha puesto
Su impermeable
Porque llovía
Se ha marchado
Bajo la lluvia
Sin una palabra
Sin mirarme
Y yo he escondido
La cabeza entre mis manos
Y me he echado a llorar.

Las ocurrencias, como dije antes, proceden del campo del deseo. Las parejas taciturnas suelen volverse locuaces cuando les acomete un deseo. El de hacer daño, por ejemplo. La furia y el rencor son elocuentes. O también cuando, en sociedad, se desea causar buena impresión. Cualquier plomo doméstico puede entonces convertirse en «placer de casa ajena».

Hay sentimientos que bloquean el lenguaje. El aburrimiento es uno de ellos. También el miedo. John Gottman, de la Universidad de Washington, que se ha dedicado durante treinta años a estudiar las causas de los fracasos matrimoniales, ha señalado cuatro etapas en el deterioro de la comunicación conyugal: las críticas, el desprecio, la actitud defensiva, la actitud evasiva. Estas dos últimas son silenciosas.

2) El segundo fracaso es entregarse al automatismo de un discurso. Con mucha frecuencia, una conversación adquiere un sesgo que no se había previsto, que no se quería, pero que desencadena una dinámica implacable, que convierte a los hablantes en contendientes, y les lleva a donde no habían pensado ni querido llegar. Un ejemplo sencillo. Uno de los cónyuges, hombre o mujer, da igual, vuelve a casa:

–He tenido una reunión espantosa con mi jefe. No hace más que quitarme autoridad y humillarme. No lo puedo soportar. Me está amargando la vida y voy a terminar diciéndoselo a la cara y perdiendo el empleo.

Esta intervención está pidiendo una respuesta, que va a depender del estado de ánimo de la otra persona o de una actitud más general, cuidadosa o harta. Voy a dar dos posibles respuestas, cada una de las cuales desencadena dinámicas distintas.
Respuesta A:

–Ya estás exagerando otra vez. Tu jefe está sufriendo muchas presiones y tiene muchos problemas encima. Tienes que comprenderle. Seguro que no es para tanto.
–Te digo que la ha tomado conmigo.
–Siempre te pones en lo peor. Tranquilízate, te sulfuras por cualquier cosa.
–No, si al final tendré yo la culpa. Olvídalo. No quiero ponerme de peor humor todavía.

Respuesta B:

–No hay nada peor que tener un jefe que no sabe serlo. ¡Qué imbécil! Si tiene problemas que se los aguante. ¿Y tú qué le has dicho?
–Que si tiene algo en contra mía que me lo diga directamente. Que no venga con puyitas e indirectas.
–¡Qué desagradable, tener que aguantar todos los días a un tipo así! ¡Me sacan de quicio esos piojos resucitados! ¿Por qué no le mandas a paseo?
–Bueno, no voy a dejar que nos amargue la vida. No vale la pena.

El comienzo de la conversación desencadena un proceso no meditado, que desemboca en consecuencias con frecuencia no queridas. En la primera respuesta tal vez sólo quisiera tranquilizar a la otra persona, quitando importancia al asunto. Sin duda de una manera torpe. John Gottman, que ha escrito un libro muy conocido titulado *What Predicts Divorce*, afirma: «Puedo predecir si una pareja se divorciará después de observarla y escucharla durante cinco minutos.» Es una petulancia bastante infantil, pero que indica la relevancia de los hechos que comento.

3) El tercer fracaso se debe a los malentendidos. Es la *equivocación hermenéutica*. El fenómeno de la comunicación, de la transferencia de información, ha sido oscurecido por una mala metáfora. Hablamos del «contenido» de una carta o de una frase. Esto nos hace pensar que al hablar entregamos al oyente un paquetito con lo que queremos decirle, igual que un corredor entrega el testigo al corredor siguiente. Esto es falso y peligroso. El habla es ante todo un sistema de inducciones y seducciones. Al hablar

no entregamos un objeto material, hecho, perfilado, a un sujeto que tiene que *comprenderlo,* es decir, cogerlo de una vez o asimilarlo. Las metáforas de la asimilación de conocimientos o de informaciones es una vez más falsa. «No has digerido su argumento», decimos. Es como si una información fuera un alimento que hay que tragar y asimilar. Falso. También es confundente la metáfora de «los canales de comunicación», que sugieren la idea de un trasvase de información de un recipiente a otro. No suceden así las cosas. Lo que hago al hablar o al escribir es presionar para que el oyente realice unas operaciones a mitad de camino entre la inferencia y la adivinación y produzca un significado parecido al que yo deseo suscitar. El que habla suministra una serie de pistas o de indicios –más o menos precisos– para que el oyente reconstruya la intención originaria. Un escritor claro lo consigue con facilidad, mientras un escritor oscuro produce variadas reconstrucciones. Esto puede ser conveniente en poesía, pero en filosofía y en la vida real me parece un peligro.

La *equivocación hermenéutica* la describe muy bien Aaron Beck: «Aunque las parejas piensen que hablan el mismo lenguaje, lo que *dicen* y lo que sus compañer@s *oyen* suelen ser cosas muy diferentes.» Deborah Tannen, que ha estudiado las incomprensiones en la convivencia, escribe:

> Se suele pensar que las parejas que viven juntas y se aman llegan a comprender los respectivos estilos conversacionales. No obstante, la investigación ha mostrado que la interacción repetida no conduce necesariamente a una mejor comprensión. Por el contrario, puede reforzar juicios erróneos acerca de las intenciones de la otra persona e incrementar las expectativas de que ésta se comporte como antes.

El origen de muchos malentendidos está en la ignorancia de un hecho fundamental: que siempre interpretamos lo que oímos. No hay una transmisión pura y simple de un significado. ¿Qué significa la frase: *Cada día te pareces más a tu madre?* El contexto, la intención, el retintín, los antecedentes, nuestra actitud, dirigen la interpretación de la frase.

Watzlawick, y toda la Escuela de Palo Alto, ha estudiado los problemas de la comunicación. Transcribiré el diálogo de una pareja que lleva casada veintiún años. El marido es un hombre de negocios con éxito, sin duda influido por las consignas de los gurús del *management*. La mujer se queja de que durante esos años no ha conseguido saber lo que su marido pensaba de ella:

> PSICOTERAPEUTA: ¿Así que usted dice que no recibe de su esposo la información que necesita para saber si usted se está comportando bien o mal?
> ESPOSA: Exactamente.
> PSICOTERAPEUTA: ¿La critica Dan cuando lo merece, quiero decir, en forma positiva o negativa?
> MARIDO: Rara vez la critico.
> ESPOSA *(simultáneamente):* Rara vez me critica.
> PSICOTERAPEUTA: Bien, ¿cómo sabe usted...?
> ESPOSA *(interrumpiéndole):* Él me elogia *(breve risa).* Verá usted, eso es lo más confuso... Suponga que yo cocino algo o lo quemo, entonces él dice que está «muy rico». Después, si hago algo que está muy rico, entonces me dice que está «muy, muy rico». Le dije que no sé cuándo algo está rico, que no sé si me critica o me elogia. Porque él cree que al elogiarme puede hacer que yo me supere... Él siempre me hace elogios, así es, de modo que yo pierdo el valor del elogio.

4) El cuarto fracaso lo producen los mecanismos de género. Entre hombres y mujeres de nuestra cultura hay distintas expectativas respecto a la conversación, lo que suele producir desajustes graves en las parejas. Leslie Brody y Judith Hall afirman que la mayor prontitud con que las niñas desarrollan las habilidades verbales las hace más diestras en la articulación de sus sentimientos y más expertas en el empleo de las palabras, lo cual les permite disponer de un elenco de recursos verbales mucho más rico. Según estos investigadores, «los chicos que no suelen recibir ninguna educación que les ayude a verbalizar sus afectos, suelen mostrar una total inconsciencia con respecto a los estados emocionales, tanto propios como ajenos».

A los chicos se les educa para la autosuficiencia y a las chicas para mantener una red de relaciones. Como señala Deborah Tannen en *You Just Don't Understand*, esta diferencia de perspectiva les lleva a esperar cosas distintas de una simple conversación, ya que el hombre se contenta con hablar de algo mientras que la mujer busca una mayor conexión emocional. De hecho, un estudio en que participaron 264 parejas ha revelado que para las mujeres el principal motivo de satisfacción de una relación es «que exista una buena comunicación en la pareja». Desde el punto de vista de la esposa, la intimidad conlleva, entre otras cosas, la capacidad de abordar cuestiones muy diferentes y, en especial, de hablar sobre la relación misma. La mayor parte de los hombres, por el contrario, no acierta a comprender esta demanda y suele responder algo así como «Yo quiero hacer cosas con mi mujer, pero ella sólo quiere hablar». Niños y niñas hablan de distintas cosas. Los niños disputan. Jugar a pelearse es divertido. Las niñas prefieren sentarse y hablar de sus cosas.

Por último, las mujeres tienden a discutir sus problemas como un método para elaborarlos. Les gusta compartir experiencias, y están más dispuestas a las confidencias. Los hombres rehúyen hablar sobre temas íntimos y tienden a oír a las mujeres que discuten problemas con ellos como si hicieran explícitas demandas de solución en vez de buscar un oyente solidario. Algo parecido sucede con las preguntas. Las mujeres parecen considerar las preguntas como medio para mantener una conversación, mientras que los hombres las consideran peticiones de información.

Las diferencias culturales imponen también mecanismos lingüísticos que dificultan la conversación. Por ejemplo, en 1992 hubo un escándalo político en Japón. Se acusó al primer ministro Noboru Takeshita de haber recurrido a la mafia para detener una campaña de descrédito organizada por la oposición. Hasta aquí nada de extraño. Lo que resulta más difícil de comprender es que la campaña de calumnias presentaba a Takeshita como «un gran líder cuyo honor e integridad no tenían par». Esto en Occidente es un elogio. Pero en Japón una frase demasiado elogiosa se interpreta como un sarcasmo o una ironía. Un despliegue excesivo de alabanzas hacia un personaje público sólo puede concluir en lo que en japonés se llama *homegoroshi*, «matar de elogios». En el caso de Takeshita, la oposición estaba haciendo precisamente eso.

Estas diferencias genéricas o culturales en los mecanismos de expresión o comprensión no son en sí un fracaso. Lo son cuando el sujeto no puede sobreponerse a ellos, cuando queda encerrado en un automatismo cultural o genérico encapsulado.

8

El lenguaje fracasa cuando, siendo un medio de entendimiento, lleva a la incomprensión. La dinámica se hace estúpida porque se vuelve rígida, mecaniza los sistemas de utilización, expresión e interpretación lingüística. Una vez más la inteligencia fracasa cuando:

1) La inteligencia computacional adquiere malos hábitos (creencias distorsionantes, mecanismos ineficaces, sentimientos tóxicos).

2) La inteligencia ejecutiva adopta malos criterios, o malos proyectos (comprender a otra persona es un proyecto).

3) La inteligencia ejecutiva es incapaz de dirigir la inteligencia computacional.

V. EL FRACASO DE LA VOLUNTAD

1

He dudado si titular este capítulo «Las derrotas de la libertad». Ya sabrán después por qué. El sujeto fracasa por muchas causas. Adquiere creencias tóxicas, encapsuladas, blindadas contra la crítica, contra los argumentos, contra la experiencia, que le vuelven incapaz de aprender nada. También puede elaborar estilos afectivos que dificultan dramáticamente su instalación en la realidad, porque le proporcionan una evaluación equivocada de lo que sucede, suscitan deseos destructivos y hacen el futuro intransitable como en la desesperanza o el presente insufrible como en la depresión. El campo de la comunicación personal, de las relaciones afectivas, produce copiosa cosecha de derrotas. Parsimoniosamente se va configurando una etiología del fracaso, un repertorio de sus causas que acabo de resumir al final del capítulo anterior.

En éste voy a estudiar los fracasos del yo ejecutivo, es decir, los problemas que tradicionalmente se relacionaban con la voluntad, concepto expulsado de la psicología, y que ahora debemos recuperar, pero renovado. La «vieja voluntad» era *una* facultad *innata*. La «nueva voluntad» son *cuatro* habilidades *aprendidas:* inhibir el impulso, deliberar, decidir, mantener el esfuerzo. Cuando una de esas habilidades no se aprende o se aprende mal, surgen problemas de conducta. Cuando una persona es incapaz de adquirirlas aparecen cuatro tipos de patología. Lo he explicado en *El misterio de la voluntad perdida,* y a este libro me remito.

La especial complejidad del tema me obliga a dedicarle dos capítulos. Recuerde que he distinguido, al estudiar la inteligencia, un nivel estructural y un nivel de uso. Una inteligencia puede ser estructuralmente poderosa o débil. La inteligencia estructural puede usarse bien o mal. Un viaje puede frustrarse porque el automóvil se estropea o porque se confundió uno de carretera. En este capítulo voy a estudiar los fracasos estructurales de la voluntad, y en el próximo el uso fracasado.

2

La voluntad es la motivación inteligentemente dirigida. A nuestra conciencia llegan múltiples incitaciones, deseos poderosos y, con frecuencia, contradictorios. Quiero irme de vacaciones y quiero no perder el empleo. Quiero terminar el libro y quiero irme al cine. Quiero comer y quiero estar delgado. Lo que llamo «yo ejecutivo» se encarga de introducir cierto orden en esta asamblea de voces discordantes. Su función es muy elemental. Para explicarla no hace falta admitir un homúnculo que dentro de nuestra cabeza esté al cargo de los mandos. No existe ningún auriga platónico que conduzca el carricoche mental. Tampoco hace falta admitir un alma que domine el cuerpo. El concepto de voluntad –sede de la libertad, es decir, de comportamientos no mecánicos– formaba parte de una arrumbada mitología psicológica. Todo es más sencillo. La «nueva voluntad» es eficaz pero humilde.

Esos deseos que emergen en mi conciencia proceden de nuestra inteligencia sumergida, computacional, que es una fuente permanente de ocurrencias. Hace unos meses, mientras escribía un libro titulado *Manual del perfecto cultivador de pensamientos,* un peculiar tratado de jardinería que le había prometido a Jorge Herralde, se me ocurrió la idea de redactar *La inteligencia fracasada.* ¿Por qué en ese momento? ¿Por qué con tanta intensidad? Lo ignoro. Hay una maduración de las ideas. Como los delfines, nacen y se alimentan bajo las aguas y de repente brincan al espacio solar de la conciencia.

Prosigo. Al yo ejecutivo no se le ocurre nada. Es solamente el gran aduanero. Cuando está dormido, todas las ocurrencias pasan a la acción. Así ocurre, por ejemplo, durante una borrachera o en los comportamientos compulsivos. No hay mediación entre el deseo y la acción. Pero cuando está en su puesto, el yo ejecutivo registra conscientemente las ocurrencias del yo computacional y las evalúa para ver si puede dejarlas pasar. Para cumplir esta misión necesita, pues, dos cosas. Procedimientos para controlar el tráfico y criterios de evaluación. Si fuera freudiano, que no lo soy, hablaría de superego. Pero estoy hablando de una sencilla estrategia, que cualquier informático puede reconocer en su ordenador. Cuando hay muchos programas dispuestos, hace falta un programa de superior nivel que determine cuál de ellos va a entrar en acción. En la vida humana sucede lo mismo. Cuando hay muchas voces –en el campo íntimo lo mismo que en el político–, hace falta alguna instancia que ponga orden en tanta algarabía.

Es fácil distinguir los dos aspectos del yo ejecutivo: su modo de controlar y su modo de evaluar. El aduanero está vigilante o dormido, es honesto o se deja sobornar, se impone o claudica: éste es su aspecto controlador. Pero, además, el aduanero actúa de acuerdo con sus criterios de admisión, con sus reglamentos, podríamos decir. Según sean esos criterios –adecuados o inadecuados, buenos o malos, inteligentes o estúpidos– el yo ejecutivo va a usar sus capacidades de una u otra manera. De nada vale la pericia del conductor si el automóvil va en dirección equivocada.

Para aliviarle el camino, le pondré como ejemplo de este dinamismo una actividad fascinante: la creación artística. El artista tiene de repente una ocurrencia. Valéry cuenta que en el caso de *El cementerio marino* fue «una figura rítmica vacía, o llena de sílabas vanas, que me obsesionó durante algún tiempo». «El buen Dios - la Musa - nos da gratuitamente el primer verso.» Aragon escribía sus novelas a partir de una frase que se le ocurría de manera imprevista e imprevisible. Lo cuenta en *Je n'ai jamais appris à écrire ou les incipit.* A García Márquez se le ocurre un día una frase: «Muchos años después, frente al pelotón de fusilamiento, el coronel Aureliano Buendía había de recordar aquella tarde remota en que su padre lo llevó a conocer el hielo.» Años más tarde, recordaba: «Entonces pensé: ¿y ahora qué carajo sigue?» Lo que seguía fue *Cien años de soledad.* García Márquez da mucha importancia a la primera frase. «Puede ser el laboratorio para establecer muchos elementos del estilo, de la estructura y hasta de la longitud del libro.» Dostoievski cuenta cómo se le ocurrió a Raskolnikov, el protagonista de *Crimen y castigo,* la idea de cometer el asesinato, mientras estaba tomando té en un figón: «Una extraña idea le picoteaba el cerebro como hace el pollito con el cascarón.» Dostoievski acierta con la metáfora. Es siempre una sorpresa ver la cabeza de un pollito emergiendo del huevo. O sentir que una idea aparece en la conciencia.

Ante esas ocurrencias –que aparecen a miles– el yo ejecutivo adopta una rutina muy elemental. Las compara con su tabla de evaluación y, en consecuencia, las bloquea o les permite seguir adelante. Esto es lo que llamamos «decisión». Con frecuencia, la decisión no zanja el asunto, sino que debe prolongarse con un proyecto de acción: continuar la novela o cometer el asesinato. En este caso, la inteligencia computacional tendrá que seguir produciendo ocurrencias para alcanzar la meta. Unas serán buenas y otras malas. El yo ejecutivo se encargará de seleccionarlas. Ésta es su gran función. Dilthey escribió: «Cuando penetramos en la vida de un poeta vemos que hay un incesante formar y probar íntimos, de lo que muy poco llega a realización.»

Según T. S. Eliot, «probablemente la mayor parte del trabajo de un autor al componer su obra es la labor crítica, el trabajo de construir, omitir, corregir y probar». Valéry estaba de acuerdo: «Las tres cuartas partes de un trabajo bien hecho consisten en rechazar.» También Chaikovski atribuía la mayor importancia a la fase de evaluación, cuando «aquello que se ha escrito en un momento de ardor tiene que ser examinado críticamente, mejorado, extendido o condensado». En la ciencia ocurre algo semejante. Gordon Gould, inventor del láser, afirma que «hay que ser capaz de examinar críticamente aquello que se ha pensado y refinar las pocas cosas que funcionan. Hay que ser capaz de rechazar el 90 por ciento de las ideas que se nos ocurren, sin suprimir con ello el progreso de nuestra actividad mental». El gran matemático Henri Poincaré sentencia el tema: «Inventar consiste precisamente en no construir combinaciones inútiles, sino en construir sólo las que pueden ser útiles, que no son más que una ínfima minoría. Inventar es discernir, es elegir.»

Este mismo proceso aparece continuamente en la vida diaria. Los rasgos básicos del yo ejecutivo son siempre iguales: no se le ocurre nada, tiene un criterio de evaluación, y sólo puede realizar tres acciones:

1) Deja seguir la ocurrencia
2) Bloquea definitivamente la ocurrencia
3) La devuelve al yo computacional para que la mejore, la sustituya, la complete o la anule definitivamente.

En el caso de la creación, el autor selecciona sus ocurrencias de acuerdo con su propio criterio, con su gusto estético. Si éste es malo, la obra también lo será. Apoyándose en él tendrá que decidir, por ejemplo, en qué momento está acabada su obra. Picasso fue muy consciente de la trascendencia de esta decisión. En 1912, cuando llegó a un acuerdo con Kahnweiler para venderle toda su producción a precios fijados por tamaños, la única condición que puso es que él —Picasso— sería el único que podría decidir si un cuadro estaba terminado: «*Vous vous remettez à moi pour decider si un tableau est terminé.*» Cuando un artista no tiene un buen criterio para elaborar y dirigir su proyecto, su obra resultará mediocre. Los pintores históricos del XIX eran tan buenos pintores estructuralmente —por seguir con la terminología de este libro— como Monnet, pero éste tenía un criterio de selección, un proyecto, más interesante. En vez de pintar las figuras detenidas de la historia, pintar las aventuras de la luz.

Lo mismo ocurre en la vida común. Si uno se equivoca en el criterio, si no es capaz de bloquear la acción o si la inteligencia computacional no le hace caso, el yo ejecutivo, la voluntad, fracasa.

3

Voy a hacer una tipología apresurada de los fracasos de la voluntad en su función controladora. Es un cortejo nutrido: las deficiencias del deseo, la esclavitud de la voluntad (adicción y miedo), la impulsividad, la procastinación, la indecisión, la rutina, la inconstancia y la obcecación.

1) *Las deficiencias del deseo.* Ya he dicho que la voluntad es la motivación dirigida por la inteligencia. Si no hay impulso alguno, si no existe el deseo, falta la materia de la voluntad, como sucede en las grandes depresiones. Los hermanos Goncourt anotan en su diario un caso pertinente: «Un anciano se sentaba en la mesa contigua en el café Riche. El camarero, después de anunciarle los platos, le preguntó qué deseaba: "Deseo —dijo el viejo— tener un deseo."» La desgana, el desánimo, el cansancio son fenómenos de enorme complejidad —a medio camino entre la biología y la psicología, la normalidad y la enfermedad— que no puedo estudiar aquí. Hay apatías orgánicas y apatías aprendidas. Como ejemplo de hasta qué punto se mezclan ambos factores, tomo de un texto de psicopatología una relación de causas que bloquean el deseo sexual: «Relaciones rutinarias con la pareja. Problemas de pareja de tipo general (discusiones, incomprensión). Ingesta de anticonceptivos orales. Desinterés sexual tras enfermedades físicas graves. Efectos de fármacos o sustancias químicas. Experiencias sexuales traumáticas. Cansancio físico. Estrés. Presencia de algún trastorno sexual en el otro miembro de la pareja.» Como se ve, una mezcla de posibles causas biológicas o aprendidas, personales o interpersonales.

Una peculiar deficiencia del deseo es su volubilidad. ¿Por qué considero un déficit la veleidad o la caprichosidad, cuando parecen tener buena prensa? Por la misma razón que me parece un defecto cognitivo la incapacidad de fijar la atención. La acción y el conocimiento precisan de una cierta estabilidad del deseo o de la concentración. La justa, porque de lo contrario se transforman en obstinación o en obsesión. Ribot dedicó un capítulo de su libro sobre patología de la voluntad al «reinado de los caprichos». Es un tipo de carácter, dice, en el cual la voluntad no se constituye, o no lo hace más que bajo una forma oscilante, inestable y sin eficacia. Es un fallo estructural.

El deseo es una llamada a la acción, por eso otra de sus deficiencias aparece cuando existe el deseo pero no va seguido del impulso. Hay una instalación pasiva en el desear. Muchas personas se consideran frustradas por no haber conseguido satisfacer un deseo que nunca intentaron que fuera más allá del estado de deseo, es decir, que nunca se articuló en un proyecto. Como aquel que se quejaba amargamente de no haber llegado a ser un cirujano de fama, pero que ni siquiera había estudiado la carrera de medicina. Rousseau se reconocía «perezoso en el obrar, por exceso de ardor en desear» *(Confessions,* Lib.1). La palabra «desidia», que designa un tipo de pereza, significa etimológicamente «pródigo en deseos».

En los libros de psiquiatría de principios del siglo pasado se hablaba mucho de la *abulia,* de la incapacidad de actuar. Los pacientes experimentaban deseos, pero no podían pasar a la acción. Una vez más, la patología no hace más que exagerar reacciones que consideramos normales.

4

La esclavitud de la voluntad. Aparece cuando las posibilidades de elección son limitadas drásticamente por elementos fisiológicos o psicológicos. Las adicciones y algunas emociones, como el miedo, sirven de ejemplo. Ya mencioné las adicciones al hablar de los lazos emocionales o de los apegos. Algunos de ellos ejercen tal influencia que crean el espejismo de que sin ellos no se puede sobrevivir. El término *adicción* procede de una palabra inglesa tomada en préstamo del viejo francés. Era un término legal dramáticamente expresivo. Significaba el poder de disponer del cuerpo ajeno en pago de una deuda. La droga se impone al cuerpo y éste la obedece. Es un fenómeno compulsivo e irreprimible del que se siente preso el sujeto, que afirma: «No puedo dejar de hacerlo.» No se siente libre para inhibir esa conducta de la que se espanta a veces. Es un caso más de la patología del «libre arbitrio» que, según Henri Ey, es el objeto de la psiquiatría como especialidad médica.

Si, como sospecho, las creencias que tenemos acerca de nuestra capacidad para ser libres es un componente real de nuestra capacidad de serlo, me temo que el ámbito de las adicciones puede crecer indefinidamente, ya que cunde la idea de que estamos determinados por múltiples influencias: genéticas, sociales, económicas, psicológicas.

Cada día se reconocen más tipos de adicciones. Kenneth Gergen escribe: «Hace poco fui invitado a participar en un congreso sobre adicciones para profesionales de la salud mental en California. En el anuncio se leía lo siguiente: "Cabe sostener que la conducta adictiva es el problema social y de salud número uno que hoy enfrenta nuestro país. Alguno de los principales investigadores clínicos de este campo expondrán cuál es el 'cuadro de situación' en materia de investigación, teoría e intervenciones clínicas para las diversas adicciones, incluidas las siguientes: gimnasia, religión, comida, trabajo y vida sexual."»

5

La impulsividad es la falta de control de los impulsos. Mientras que en la abulia había desaparecido la capacidad de iniciar la acción, en la impulsividad se carece de la posibilidad de inhibirla. También en este caso cuesta trabajo separar las conductas normales de las patológicas, porque con frecuencia se trata sólo de una cuestión de grado. Este asunto es de gran relevancia personal y social, porque muchos autores consideran que la impulsividad es un factor que aumenta la probabilidad de comportamientos delictivos, antisociales o criminales.

La psicología popular, es decir, la interpretación que damos al comportamiento humano en la vida diaria, considera inexplicable una acción que se realiza sin motivo alguno, y ve en ello un síntoma de insania. Una de las razones del éxito de *A sangre fría,* la novela de Truman Capote, es el malestar que produce al lector aquel suceso cruel, innecesario e inexplicable. La novela cuenta la historia de dos jóvenes, Perry Smith y Dick Hickok, que asesinaron brutalmente a un granjero y a su familia. Lo que llamó la atención de la prensa fue que los asesinatos, en especial el primero, el del señor Clutter, el granjero, parecían totalmente faltos de motivo. Al esforzarse por explicar lo sucedido, Perry confesó: «No quería hacer daño a aquel hombre. Pensé que era una buena persona. Amable. Así lo creí hasta el momento en que le corté el cuello.» Los psiquiatras de la Clínica Menninger que le examinaron no pudieron encontrar un motivo para el crimen, aunque descubrieron antecedentes de actos violentos. Se limitaron a afirmar que de alguna manera la situación había provocado la acción.

Conviene distinguir tres fenómenos diferentes: impulsividad, compulsión y automatismo.

En la *conducta impulsiva* hay motivación, idea directriz, conciencia lúcida, pero falta deliberación. Se pasa directamente al acto. La acción es involuntaria, violenta, súbita, imperiosa, explosiva, incoercible. No hay lucha interna. Puede producir actos violentos contra las personas y las cosas. La impulsividad es un rasgo de temperamento, es decir, de aquellas propensiones con que el niño nace, que se pueden fomentar o amortiguar. Se manifiesta al menos por tres de los siguientes síntomas: a menudo el niño actúa antes de pensar, cambia con excesiva frecuencia de una actividad a otra, tiene dificultades para organizarse en el trabajo, necesita supervisión constantemente, con frecuencia levanta mucho la voz en clase, le cuesta guardar turno en los juegos o en situaciones de grupo. El yo computacional ha tomado la iniciativa, aprovechando que el gran aduanero está adormilado.

Las *compulsiones* se diferencian de la impulsividad porque son acciones reflexivas y van acompañadas de luchas internas. Fumar es una compulsión. En muchas ocasiones los sujetos se sienten impelidos a realizar actos que consideran absurdos, por ejemplo comprobar cuatro veces todas las noches que han cerrado la puerta. Tratan de oponer resistencia a esa conducta que les parece estúpida, pero después de los fracasos repetidos acaban por someterse. Prefieren realizar el insensato ritual antes que sufrir un desasosiego angustioso.

Los pensamientos no deseados que se entrometen, la insistencia de las palabras o ideas, las reflexiones o cadenas de pensamientos son percibidos por la víctima como inapropiados o carentes de sentido. La idea obsesiva es reconocida como ajena a la personalidad pero procedente de uno mismo. La inteligencia computacional, como he dicho tantas veces, funciona con independencia del yo consciente. Las tentativas para desechar los pensamientos que no son bienvenidos pueden conducir a una terrible lucha interna, que angustia al sujeto. El padre siente impulsos de matar a su hijo, la persona religiosa tiene pensamientos blasfemos. Eymieux, en su libro sobre la obsesión y el escrúpulo, cuenta la historia de una mujer que periódicamente, poseída por el horror al polvo, gastaba sesenta litros de agua de colonia para frotar los techos de su casa. Se pasaba la vida en lo alto de una escalera. Decía con una ingenuidad trágica: «Tuve un marido encantador, unos hijos fantásticos, una salud perfecta y una fortuna envidiable. Pero estaba el polvo.»

Estas compulsiones son quistes anormales dentro de personalidades normales. Son ocurrencias que emergen de la inteligencia computacional, del conjunto de mecanismos mentales que escapan a nuestra conciencia. Muchas veces pueden mantenerse aisladas, como manías con las que hay que bregar, pero que no afectan seriamente a la conducta, aunque en ocasiones se producen metástasis mentales que acaban adueñándose del organismo mental entero.

Por último, en los *automatismos* no hay idea consciente, son involuntarios, sin conciencia reflexiva ni discernimiento. Los tics, por ejemplo. En todos estos casos –impulsividad, compulsión, automatismo– los impulsos que proceden de la inteligencia computacional toman el control. Este asunto me recuerda mis lecturas adolescentes, cuando devoraba los libros de Pierre Janet, de quien ya le he hablado. Janet sostenía que en ocasiones un sistema de ideas podía separarse de la personalidad central y fundar una personalidad independiente, no consciente, que podía revelarse mediante hipnosis. Sus ideas han sido recientemente recogidas por los psicólogos que estudian las personalidades múltiples. Se ocupan de pacientes que parecen tener dos o más inteligencias computacionales y ejecutivas, cada una de las cuales funciona a su aire, lo que provoca tremendos problemas. Al parecer, según los expertos, el número de estos enfermos está aumentando.

6

La procastinación. Para acallar a los puristas, me apresuro a decir que debería decirse «procrastinación», pero en castellano suena muy mal esa sucesión de erres. Por ello decimos, por ejemplo, «trastocar» cuando tendríamos que decir «trastrocar». A pesar de su fealdad, convendría recuperar la palabra "procastinación", tomada del inglés a pesar de su origen latino y perdida en los diccionarios, porque el fenómeno que designa es frecuente entre nosotros. Hay que recordar que significa «dejar algo para mañana». En castellano tenemos dos palabras vecinas: «postergar», que significa «dejar algo para hacerlo más tarde o después de otra cosa a la que en el orden normal precedería» y «diferir», que significa «no hacer algo en el momento en que se había pensado, sino dejarlo para más tarde».

Son dos significados muy semejantes al que tiene la palabra inglesa, pero no me parecen sinónimos de ella. La procastinación no es un simple aplazamiento, ni es negarse a hacer una cosa. Es, sin duda, desidia, pero una desidia acompañada de complejas tácticas dilatorias. El procastinador toma la firme decisión de hacer una cosa mañana, decisión que volverá a ser aplazada con la misma resolución al día siguiente. Tiene, pues, una gran fuerza de voluntad para actuar en el futuro, pero una débil voluntad para el presente. Es como si se diera a sí mismo un talón con fecha renovable. Una complaciente voz interior le dice que emergerá de esa noche de prórroga transformado, dotado de energías maravillosas, que harán todo más fácil. ¿Quién puede negar que es mejor acometer una tarea sintiéndose pletórico de fuerzas? El procastinador suele ser postergador raciocinante, que se da argumentos muy convincentes —para él— que le aconsejan aplazar la acción. Voy a someterle a un test de urgencia para que compruebe si es usted un procastinador:

1) ¿Paga frecuentemente recargos por cheques devueltos, pagos atrasados, recibos o contribuciones pagados fuera de plazo?

2) ¿Se queda demasiadas veces en la carretera sin gasolina por esperar a repostar en la gasolinera siguiente, con el pretexto de que tiene, por ejemplo, mejor iluminación?

3) ¿Sabe que tiene que ordenar su mesa de despacho, pero se dice que es una operación tan importante que conviene esperar al lunes o a las vacaciones para acometerla con la dedicación que merece?

4) Cuando, al fin, se decide a ordenar, ¿se limita a organizar los montones de otra manera?

5) ¿Se le acumula la correspondencia, y toma, por vergüenza, decisiones que dificultan todavía más su puesta al día? Por ejemplo, lo que podía haberse resuelto con una

breve nota necesita ahora una carta larga, que se aplaza para el día del cumpleaños del receptor, para así acompañarla de un regalo. Como esta carta tampoco se escribe, decide sustituirla por una visita en la que entregará el regalo personalmente. Pero, entonces, le parece lógico esperar a la vuelta de un viaje, para tener el pretexto de haberlo comprado en el extranjero. Etcétera, etcétera, etcétera.

6) ¿Le sucede con frecuencia que aguanta molestias diarias por no arreglar una avería, cambiar de televisor o comprar un destornillador más grande?

7) ¿Suele aplazar una acción porque le falta algún pequeño requisito que en ese momento se le antoja imprescindible? Por ejemplo, sólo tiene un bolígrafo de punta fina cuando a usted le gustan los de punta gruesa. Y está convencido de que con el de punta fina no se le ocurrirá nada. Así que decide aplazar la redacción de la carta hasta que consiga el boli apropiado.

8) ¿Prepara el escenario de la acción con tanta minuciosidad que ya no le queda tiempo para ejecutarla?

9) ¿Piensa que las cosas no hay que hacerlas hasta que se puedan hacer perfectas?

Rita Emmett, en su divertido libro *The Procrastinador's Handbook*, enuncia una irrefutable «Ley de Emmett». *El temor a realizar una tarea consume más tiempo y energía que hacer la tarea en sí.* Hay que advertir que el verdadero procastinador no dilata su actividad porque sea dolorosa o muy molesta. Suele ser tan sólo un poco más molesta que la que está haciendo en ese momento. Lo curioso es que cuando alguien se libera de este tipo de «adicción al día siguiente», se encuentra realmente bien. Si una persona decide utilizar la primera media hora de trabajo para responder a todas las cartas, conseguirá una envidiable tranquilidad para el resto del día.

Hay otro asunto que facilita el dejar las cosas para otro momento. Tiene que ver con la percepción del tiempo. Los postergadores suelen pensar que hacer algo va a ocupar más tiempo de lo que en realidad ocupa, que no vale la pena iniciar una cosa si no se la va a terminar de un tirón, y que poco tiempo es ningún tiempo. Manejan el tiempo al por mayor y no al menudeo, que es como de hecho lo vivimos. Recuerdo que Gregorio Marañón se consideraba un «trapero del tiempo». En efecto, hay pequeños retales, huecos de tiempo entre una ocupación y otra, parecidos a esos retales de espacio vacío que hay en las cajas de botellas, que el procastinador despilfarra.

7

La indecisión. La decisión es un corte, una separación, un salto. Etimológicamente, procede de *caedere,* que significa *cortar.* Después de la deliberación, tengo que elegir una cosa u otra. Este acto supone para muchas personas un obstáculo casi insalvable. Decimos de ellas que son irresolutas o indecisas. En algunos casos es un fenómeno patológico. Ya me he referido antes a Damasio. Ha demostrado que cuando por un accidente o tras una operación quirúrgica para eliminar un tumor cerebral se cortan las vías neuronales que conectan el lóbulo frontal con el área límbica, centro de las emociones, el paciente mantiene todas sus facultades mentales, entre ellas la de razonar, pero es incapaz de tomar una decisión. Ante cualquier problema, el sujeto delibera sin cesar e interminablemente hasta que un acontecimiento externo detiene ese proceso inútil.

La indecisión suele derivar de un estilo afectivo acobardado, que teme equivocarse o que teme la novedad. Prefiere lo malo conocido a lo bueno por conocer y si le obligan a decidir, le condenan a un infierno. Kierkegaard explicó que la angustia es la conciencia de la posibilidad, y Erich Fromm dijo algo parecido al hablar del miedo a la libertad. La incapacidad de tomar decisiones es, sin duda alguna, un fracaso de la inteligencia.

8

La rutina. Los hábitos son mecanismos aprendidos que automatizan ciertas conductas de tal modo que nos permiten realizarlas con mayor facilidad, perfección, y sin necesitar que prestemos atención. Son indispensables para toda actuación eficiente. Un violinista no podría interpretar bien si no tuviera perfectamente automatizada la digitación. No se puede escribir bien en un idioma que no se domina, es decir, que no se ha automatizado. Sin embargo, los hábitos pueden liberarnos, pero también pueden esclavizarnos. Por eso deben estar sometidos a una vigilancia superior. Intentar resolver un problema de manera rutinaria sólo sirve cuando los problemas son muy elementales. El mecanismo puede dispararse automáticamente e intentar someter a su acción cualquier conflicto, en lugar de acomodarse él al conflicto. Los estudios sobre el fracaso de los directivos empresariales o de los políticos atribuyen muchos de ellos a la creencia de que lo que funcionó en un caso debe funcionar siempre.

Esta rigidez la hemos visto aparecer a lo largo de todo el libro como una de las causas más frecuente de las derrotas personales.

9

La inconstancia y la obcecación. Algunas decisiones son puntuales: cojo un número u otro en la lotería, voy de vacaciones al Caribe o a Madagascar. Se agotan en sí mismas. Pero otras decisiones nos comprometen a proyectos largos, en cuya realización hay que vencer obstáculos, y que por lo tanto exigen una renovación de la decisión, una persistencia en el empeño. Un fracaso de la inteligencia es cesar en el esfuerzo antes de tiempo. Eso es la inconstancia. ¿Cuál es su causa? Los psicólogos hablan de la dificultad para soportar el esfuerzo o para aplazar la recompensa. En los bebés ya se notan diferencias en la capacidad de atención y de perseverancia. Se trata, pues, de una característica temperamental, que después se fortalece o debilita, mediante los hábitos oportunos o, en último término, por una sistemática decisión de conseguirlo. Walter Mischel elaboró un test de aplazamiento de la recompensa para niños de cuatro años. Los niños podían comerse un caramelo o esperar sin comérselo a que volviera la profesora, que les daría entonces un premio extra. En los estudios de seguimiento que se hicieron con los participantes hasta que cumplieron treinta años, se comprobó que estas diferencias en el número de segundos que los niños fueron capaces de esperar para obtener los mejores premios (aunque más tardíos) predecían los resultados sociales y cognitivos de su vida posterior.

En la inconstancia –eso que nos hace dejar los planes de adelgazamiento a las primeras de cambio– influye también la capacidad de soportar el esfuerzo. Se trata de un curioso fenómeno a medio camino entre la psicología individual y social. Las personas aguantan la incomodidad o el esfuerzo de muy diferentes maneras, y las sociedades también. Las sociedades determinan en cada momento histórico, y por procedimientos sutiles y complejos que no conozco del todo, el *nivel de molestia soportable*. La psicología y la medicina actuales han llamado la atención sobre el aprendizaje del aguante *(toughness)*, sobre el entrenamiento para soportar el esfuerzo como un complejo efecto fisiológico y psicológico, en el que intervienen el sistema muscular, endocrino y nervioso.

La inconstancia es un fracaso, pero también puede serlo su contrario, la obcecación o la tozudez. No hay nadie más voluntarioso que el demente o el fanático, lo que nos hace pensar que la fuerza de voluntad en abstracto no es ni buena ni mala. Que lo bueno es una voluntad inteligente que sepa cuándo hay que perseverar y cuándo hay que desistir.

Julius Kuhl, al estudiar los déficits de la voluntad, menciona la dificultad de cambiar de proyecto. Barbara Tuchman cree que la persistencia en el error es una de las causas más frecuentes de los fracasos políticos. Una vez tomada una decisión, les resulta muy difícil a los políticos reconocer el error y cambiar de opinión, lo que les fuerza a insistir con más energía en el mismo camino. Ha estudiado la guerra de Vietnam como un ejemplo de este desastroso proceso.

Quienes han realizado un sacrificio (de dinero, tiempo o esfuerzo) para hacer algo tienden a continuar haciéndolo a pesar de que les suponga más pérdidas que ganancias. Es lo que he llamado *error del inversionista*, del que ya le hablé. Sutherland cuenta un caso dramático:

> Los generales son famosos por insistir en emplear estrategias cuya inutilidad está claramente demostrada. En la Primera Guerra Mundial, era evidente, aunque

sólo fuera por la batalla de Verdún, en la que se perdieron 800.000 vidas, que, en la guerra de trincheras, los ataques directos no sólo estaban condenados al fracaso, sino que suponían más pérdidas para los atacantes que para los defensores. Sin embargo, en la batalla del Somme, el general Haig, que en las primeras horas ya había perdido 57.000 hombres, siguió atacando las posiciones alemanas, muy bien defendidas, con nuevas y terribles pérdidas de tropas.

En este caso no era Haig el que sufría, claro está, sino sus hombres *(Irracionalidad: el enemigo interior,* Alianza, Madrid, 1996, p. 121).

La reticencia a detener un proyecto en que se han invertido grandes cantidades de dinero se pone de manifiesto en un comentario del senador Denton cuando pidió al Senado de Estados Unidos que continuara con un proyecto fluvial claramente inviable: «No terminar un proyecto en que se han invertido 1.100 millones de dólares constituye un desmesurado despilfarro del dinero de los contribuyentes.» De lo que no se daba cuenta era de que continuarlo suponía un derroche aún más desmesurado.

La tozudez puede ser, pues, un gran peligro. Por eso, hablar elogiosamente de la «fuerza de voluntad» resulta equívoco. Prefiero hablar del buen uso o del uso fracasado de la voluntad, del uso inteligente y del uso estúpido.

10

De nuevo encontramos viejos conocidos. Los fracasos de la voluntad proceden siempre de una toma indebida de poder. Módulos cognitivos o afectivos, rutinas conductuales, se imponen a un yo ejecutivo que carece, por una parte, de la suficiente energía y, por otra, de la fexibilidad adecuada, siendo a veces demasiado rígido y a veces demasiado laxo. A esto me refería al decir que la calidad de la voluntad va a depender de la calidad de la inteligencia. Una persona incapaz de controlar sus ocurrencias no puede ser muy inteligente, pero tampoco lo será la persona que se obstine en una idea fija o en una meta estúpida.

No podemos fijar un modelo universal, una voluntad de talla única, *prêt-à-porter*. Hay que atender a la peculiaridad del caso, sabiendo aplicar los criterios adecuados. En una carretera de cien kilómetros un margen de error de diez centímetros es despreciable, pero no lo es para un neurocirujano que está operando un tumor cerebral. Una acción fracasa cuando adopta un canon de medida equivocado, un mal criterio de evaluación. En ocasiones tenemos que elegir entre dos criterios que pueden oponerse. Lo que podemos considerar un éxito privado puede considerarse un fracaso desde el punto de vista de la inteligencia social. Enriquecerse esquilmando los bosques de Brasil es un triunfo para el protagonista, pero es un fracaso para la sociedad. El principio de la jerarquía de los marcos va a entrar en juego, obligándonos a elegir. De este problema tratará el capítulo siguiente.

VI. LA ELECCIÓN DE LAS METAS

1

El 14 de enero de 1913, Kafka escribe a Felice:

En cierta ocasión me dijiste que te gustaría estar sentada a mi lado mientras yo escribía. Pero imagínate, entonces no podría escribir, me resultaría del todo imposible hacerlo. Toda soledad al escribir es poca, todo silencio al escribir es poco, incluso la noche es demasiado poca noche. Y así, todo tiempo del que se dispone es poco; pues los senderos son largos y uno se pierde con facilidad; en ocasiones uno incluso llega a tener miedo, y sin obligación ni atracción siente ganas de regresar corriendo (unas ganas que más tarde siempre se castigan duramente). ¡Qué ocurriría entonces si de improviso uno recibiera un beso de la más querida boca!

Kafka cree que su vocación de escritor es incompatible con una vida amorosa, que, por otra parte, anhela.

Impulsados por nuestros deseos y necesidades, tenemos que organizar planes de vida, y de esta operación dependen en gran medida nuestros éxitos o fracasos vitales. Es preciso seleccionar entre planes contradictorios (la contradicción que veía Kafka entre escribir y convivir con otra persona), organizar planes simultáneos (compatibilizar la vida laboral y familiar, por ejemplo), o realizar planes compartidos (un amor, un trabajo, una acción política).

Nos enfrentamos continuamente con tres problemas: No sé que hacer. Sé lo que quiero hacer, pero no sé cómo. Sé cómo, pero no me atrevo. Todos tenemos un proyecto inevitable e inevitablemente vago: queremos ser felices. Lo que no sabemos es mediante qué proyectos podemos concretar esa aspiración difusa. La elección de metas es una de las más delicadas operaciones de la inteligencia. Últimamente los psicólogos evolutivos han estudiado minuciosamente el modo en que los adolescentes eligen su carrera. Ginzberg ha elaborado una teoría: niños y adolescentes atraviesan tres etapas de selección: la etapa de la fantasía, la etapa de los ensayos, la etapa realista. Esta última señala la madurez, pero ¿cómo alcanzarla?

Muchos fracasos llegan porque las metas que emprendemos son imposibles en sí o imposibles para nosotros. No se puede ser omnipotente, ni hacer una tortilla sin romper los huevos. Sartre creía que era imposible mantener las manos limpias ante la injusticia. Camus contó en *La peste* la historia de un escritor que fracasó porque quería conseguir la frase perfecta. Al morir se encontró un baúl lleno de variaciones. La frase, mil veces escrita y mil veces rechazada, decía en una de sus versiones: «En una hermosa mañana del mes de mayo, una elegante amazona recorría en una soberbia jaca alazana las avenidas floridas del bosque de Bolonia.» El insatisfecho autor explica así lo que piensa de la frase: «Esto no es más que una aproximación. Cuando mi frase tenga el movimiento mismo de este paseo al trote, un, dos, tres, un, dos, tres, entonces el resto será más fácil y sobre todo la ilusión será tal desde el principio que hará posible que digan: Hay que quitarse el sombrero.»

Binswanger nos cuenta el caso de una mujer atormentada por la persecución sin tregua de metas inalcanzables. De pequeña se pasaba horas llorando cuando no podía superar a todas sus compañeras en lo que estuviera haciendo, pero ni siquiera sus éxitos representaban para ella ninguna satisfacción, puesto que sus miras estaban en conseguir unos logros tan magníficos que aseguraran su fama a perpetuidad. Viviendo bajo el lema «O César o nada», consideraba sus éxitos fracasos deprimentes. No sólo era cruel con ella misma, sino que constantemente juzgaba con dureza a todos los demás, aplicándoles esos mismos criterios extraordinarios. Cuando su paralizante desesperación empezó a destruir su eficacia, se vio profundamente asaltada por un sentido de inutilidad y de falta de valor. Sólo la muerte podía aliviarla de su tormento, y la buscó con repetidos intentos de suicidio.

A veces, una meta posible en sí resulta imposible para una persona. En *El motín del Caine,* Humphrey Bogart representó el fracaso de un hombre que quiere mandar pero no sabe hacerlo. Después de muchos años de trabajo burocrático, le nombran comandante de un barco de guerra. Se cumple así su gran anhelo, mandar, pero el cargo da el poder, no la perspicacia. Incapaz de distinguir lo trivial y lo importante, de comprender las motivaciones humanas, se enreda dando órdenes desatinadas, ignora cuándo ser rígido y cuándo ser flexible, y acaba provocando un motín por su obsesión en descubrir quién se ha comido un tarro de fresas sustraído de la bodega del barco. Calibrar de lo que somos o no somos capaces es tarea delicada. Si la meta es demasiado alta, la posibilidad de fracasar es muy alta también. Si es demasiado baja, muchas posibilidades del sujeto dejarán de desarrollarse.

Emprender metas que son contradictorias, aunque no lo parezcan, produce inevitables fracasos. Los físicos saben que no se puede medir a la vez la velocidad y la posición de una partícula elemental, porque fijar su posición altera su trayectoria. Los teólogos no acertaban a saber cómo Dios podía ser absolutamente justo y absolutamente misericordioso. Muchos padres proporcionan a sus hijos metas contradictorias: quieren que sean al mismo tiempo egoístas y justos, palomas y halcones, y esa hibridación resulta difícil. García Márquez tuvo que cambiar de planes cuando ya tenía casi escrita una primera versión de *El otoño del patriarca,* porque se había empeñado en que fuera una narración impersonal escrita en primera persona, lo que resultaba contradictorio. A Miller, Galanter y Pribram, de quienes ya le he hablado, autores de *Planes y estructura de la conducta,* les sorprendió la frecuencia con que la gente emprende planes contradictorios sin darse cuenta de que lo son. «Parece que esa persona se está frustrando deliberadamente a sí misma, pero no puede descubrir por qué. Sabe que hay algo erróneo, pero no puede descubrir de qué se trata.» Los dos *planes* quizás estén mutuamente aislados, de forma que esa persona nunca tenga ocasión de contrastar uno con el otro. En los casos más serios, podemos encontrarnos con un fenómeno de «doble personalidad».

La Escuela de Palo Alto ha estudiado el fenómeno de las situaciones paradójicas o de los dobles vínculos. Por ejemplo, cuando una madre ordena a su hija: «Tienes que ser más espontánea», la espontaneidad exigida conduce inevitablemente a una situación paradójica en la que el mero hecho de plantear la exigencia hace imposible su cumplimiento espontáneo. Algo parecido sucede en un nivel político cuando se pretende imponer por la fuerza una democracia. Se están utilizando simultáneamente dos criterios distintos: la fuerza y la democracia. Peter Schmid estudió en los años sesenta las paradojas de las relaciones entre Japón y Estados Unidos. Japón se encontraba indeciso entre dos metas que se excluían mutuamente: seguridad y renuncia al poder. Escribió:

> El poder, como reza la conocida frase, es malo; por tanto, renuncio al poder, no del todo, pero sí hasta donde me es posible. Un amigo me protege. Es poderoso... y por tanto es malo. Por eso le desprecio, le odio y, sin embargo, tengo que tenderle la mano. Soy débil, porque quiero ser bueno... por eso mi amigo malo tiene poder sobre mí. Condeno lo que él hace como poderoso, pero tiemblo ante la posibilidad de que se derrumbe. Porque si se derrumba mi protector, como sería justo, porque es malo, caeré yo también, que soy bueno.

Necesitamos saber si nuestras metas son contradictorias, para no fracasar. En el mundo actual hay un debate abierto acerca de si la globalización es compatible con la justicia, o si el estado del bienestar es compatible con la eficacia económica. Muchos pensadores liberales de la última hornada consideran que el sistema de derechos humanos es contradictorio porque para implantarse exige un Estado intervencionista y poderoso, que era precisamente de lo que quería liberarnos el sistema de derechos humanos. Es fácil ver lo que arriesgamos en estos debates.

2

El problema de coordinar metas con otras personas es, sin duda, el más trascendental, el más difícil de resolver y, por ende, el que causa más frustraciones. Un caso paradigmático son las relaciones de pareja y, en general, las familiares. Las metas personales pueden unificarse, al menos teóricamente, cuando se tiene una meta común. Así se organizan, por ejemplo, las empresas. La empresa como organización tiene sus propias metas: producir bienes y ganar dinero. Esta meta compartida dirige la vida de la compañía sin ambigüedad alguna. Cualquier estudioso de los movimientos sociales sabe que hace falta un proyecto o una meta común para unificar la energía de los individuos. Como dice el protagonista de *Ciudadela*, de Saint-Exupéry, un libro lleno de contradicciones y paradojas: «Así me hablaba mi padre: "Fuérzalos a construir una torre y los transformarás en hermanos. Pero si quieres que se odien, arrójales un poco de comida."» Para movilizar a la sociedad no hay nada como despertar el odio o el miedo, porque ambos sentimientos proponen metas muy claras: destrozar al enemigo o ponerse a salvo.

Las relaciones de pareja pueden interpretarse según diversos modelos: sometimiento de un plan vital al plan de la otra persona, coordinación de dos planes privados, o subordinación de ambos a una meta común. La sumisión ha sido el modelo de la sociedad patriarcal. Con frecuencia se solapaba con el modelo de la subordinación de ambos a una meta común −la familia, por ejemplo−, a la que se consideraba una realidad superior, que había que defender incluso contra alguno de sus miembros. El dicho antiguo «los hijos unen mucho» no anunciaba la aparición de una primavera afectiva, sino de una meta unificada. La familia resultó muy estable mientras fue una institución económica necesaria para la supervivencia. Había una imperiosa meta común. En las sociedades pobres los solteros no sobreviven. Cuando la situación económica cambia, los fines afectivos de la familia ocupan el primer plano, aparecen mayores expectativas y, al mismo tiempo, mayores posibilidades de fracasar. En la actualidad se va imponiendo un modelo puramente contractual, en el que sólo hay dos voluntades que negocian entre sí al mismo nivel, y que pueden negociar la unión o la separación, procurando mantener a salvo la independencia por si acaso. Posiblemente haya aquí un problema de metas contradictorias. No se puede nadar y guardar la ropa. El miedo a un fracaso en las relaciones de pareja hace que cada uno de sus miembros invierta poco en ella, se vuelva reservón, manteniendo su posibilidad de retirada. El posible divorcio está tan presente desde el comienzo que les fuerza a prepararse para él, con lo que aumenta la posibilidad de que realmente ocurra. Es un caso más de profecía que se cumple por el hecho de enunciarla.

La civilización occidental ha glorificado tanto las metas personales que ha llevado a la quiebra a todas las metas compartidas. Cuando observamos este fenómeno con detenimiento vemos que encierra una inevitable paradoja. Un proyecto común –proteger la dignidad de las personas– conduce a la defensa de los derechos individuales, lo que en muchos casos se interpreta como una valoración exclusiva de los proyectos privados. «No podemos ponernos de acuerdo en la idea de felicidad» es un dogma, bastante tonto, de la filosofía liberal, que mientras lo dice está luchando por una meta común: liberarnos de la tiranía del Estado para que podamos poner en práctica nuestra idea de felicidad. Un proyecto compartido, como es el de vivir con derechos, ha dado lugar a un modo individualista de vivir que aniquila el proyecto común.

Como dice Ulrich Beck, «las instituciones cardinales de la sociedad moderna –los derechos civiles, políticos y sociales básicos– están orientadas al individuo y no al grupo. En la medida en que los derechos básicos se internalizan, la espiral de la individualización destruye los fundamentos existentes de la coexistencia social». Las metas biográficas se desvinculan de las metas comunes. La economía neoliberal descansa en la imagen de un yo humano autárquico. Presupone que los individuos pueden dominar, ellos solos, la totalidad de sus vidas, y que obtienen y renuevan su capacidad de acción de su propio interior. La psicología cognitiva defiende algo parecido cuando dice: «No nos hacen sufrir las cosas, sino las ideas que tenemos acerca de las cosas.» Si esto es verdad, la solución es cambiar nuestras ideas, no cambiar la situación. Es el colmo del conservadurismo reaccionario.

Ya han aparecido tres clases de fracasos provocados por el contenido de las metas. He elegido mal mi meta (era imposible, contradictoria, destructiva). No he sabido coordinar mis metas con las de otra persona concreta (matrimonios fracasados). No he sabido coordinar mis metas con las impuestas por la sociedad, a través de la moral y el derecho (individualismo insolidario).

Me interesa estudiar con detenimiento este último caso. El individualismo puede ser un triunfo de la inteligencia privada y un fracaso de la inteligencia colectiva. Me doy cuenta de que me estoy metiendo en un berenjenal, pero es un berenjenal inevitable.

3

Plantearé el berenjenal de la manera más estrepitosa posible. Creo que la maldad es el gran fracaso de la inteligencia. Utilizaré una idea de mal inequívoca y elemental: es mala toda conducta que atenta contra los derechos de otra persona y produce con ello un daño injusto. Al relacionar el bien con el triunfo de la inteligencia y el mal con su fracaso, tal vez piense usted que estoy mezclando churras con merinas. Una persona inteligentísima puede ser malvada, y una persona buena puede ser estúpida. Así nos lo enseña la psicología popular, que con frecuencia suele ser mezquina. En los pueblos castellanos se llamaba «inocentes» a los débiles mentales, y cuando decimos de alguien que es un «buen hombre», casi le estamos insultando. Antonio Machado tuvo que precaverse de este uso falaz de la palabra:

> Y, más que un hombre al uso que sabe su doctrina,
> soy, en el buen sentido de la palabra, bueno.

¿Por qué me empeño en relacionar categorías morales (bondad/maldad) con categorías intelectuales (conocimiento/verdad, eficacia/ineficacia)? Porque creo que es la única manera de comprender aspectos decisivos de nuestras vidas y resolver problemas trágicos. Me interesa mostrar que estamos ante una aplicación particularmente importante y conflictiva del *Principio de jerarquía de los marcos*. Le avanzaré hacia dónde nos dirigimos. Hay un uso privado de la inteligencia, que tiene sus metas, sus valores y sus criterios. Y hay un uso público de la inteligencia, que tiene los suyos. Mi interés personal me impone un uso privado; la ciencia o la justicia un uso público.

Cada uso fija un marco de evaluación, y pudiera ser que un comportamiento triunfante en el plano privado fuera un fracaso en el público. ¿Qué haremos, entonces? ¿A qué marco daremos la preferencia?

4

Para poner rostro al problema volveré a un personaje que nos ha acompañado en este libro: Napoleón Bonaparte... La admiración que le dispensaron sus coetáneos fue apoteósica. Monsieur de Norvins, que ocupó diversos puestos en la Administración, escribió una biografía del emperador que tuvo gran éxito. Según él, Napoleón sufrió la tragedia de la desmesura. Soportó un exceso de genio, un exceso de fortuna y un exceso de desgracia.

Se han publicado las memorias de Agathon-Jean François Fain, barón de Fain, que fue durante muchos años secretario privado del emperador. En ellas nos da una visión inédita de Napoleón: su forma de trabajar en el despacho y de organizar su oficina.

Fain cuenta al detalle la jornada de trabajo del emperador. Su despacho privado –al que se permitía acudir en bata– estaba entre su dormitorio y el despacho público, donde sólo entraba convenientemente vestido para recibir. Había diseñado los muebles –en todos los despachos de todos sus palacios había una peculiar mesa en forma de ocho–, y también los cuadernos que quincenalmente debían remitirle los ministerios, con todos los datos de la nación, con todo lo que ocurría. Sabía lo que quería saber y cómo tenían que presentarle los datos para poder asimilarlos con rapidez. «El oficio de emperador tiene sus herramientas como todos los demás oficios», decía frecuentemente.

Los cuadernos que tenía constantemente en su mesa eran el resumen de la vida del país. El emperador sabía que la información era poder, mucho antes de que nuestros politólogos lo dijeran. Leía todo y hacía que se guardaran todos los informes, todas las notas, todas las cartas. Su obsesión eran los números. «Al emperador —dice Fain— le encantaba echar cuentas. Manejando los números experimentaba una especial alegría.» Fain añade: «Así se comprende que el emperador, desde el fondo de su despacho, pudiera ocuparse de cosas diversas y mostrarse a la vez tan minucioso, tan exacto y, sin embargo, tan rápido. Con semejante munición informativa en la cabeza y en las manos, nunca era cogido desprevenido: al contrario, mantenía sobre sus colaboradores una superioridad en todos los campos y en todos los momentos.»

En resumen, su capacidad de comprensión, su rapidez en decidir, sus dotes para entender y mandar a la gente, su energía movilizadora, la precisión de sus metas, nos obligan a reconocerle una inteligencia plural, inventiva, colosal. Aunque su peripecia biográfica terminó en un fracaso, antes había conseguido más de lo que había podido desear. Según Las Cases, el autor del *Memorial de Santa Elena,* solía comentar, admirado y divertido: *Quel roman, ma vie!* ¡Qué novela ha sido mi vida!

5

Veamos otro aspecto del caso Napoleón. Su ambición llevó a más de dos millones de personas —francesas y no francesas– a la muerte, y paralizó por más de un siglo los logros de la Revolución Francesa. Los individuos eran instrumentos intercambiables para su ambición. Cuentan que paseando entre los muertos, tras una batalla, comentó: «Esto lo repone una noche de París.» A pesar de ser el impulsor del Código Civil, y de afirmar que quería imponer el imperio de la razón, estaba convencido de que la fuerza es el único medio para organizar a los humanos. Voy a transcribir como prueba un texto del capítulo XVIII de *El príncipe,* de Maquiavelo (M), intercalando las anotaciones que hizo Napoleón (N):

M: Cualquiera puede comprender lo loable que resulta en un príncipe mantener la palabra dada y vivir con integridad y no con astucia.

N: *Admirando hasta este punto Maquiavelo la buena fe, franqueza y honradez, no parece ya un estadista.*

M: No obstante, la experiencia de nuestros tiempos demuestra que los príncipes que han hecho grandes cosas son los que han dado poca importancia a su palabra y han sabido embaucar la mente de los hombres con su astucia.

N: *Arte que puede perfeccionarse todavía.*

M: Al final han superado a los que han actuado con lealtad.

N: *Los tontos están aquí abajo para nuestros gastos secretos.*

M: Debéis saber, pues, que hay dos formas de combatir: con las leyes y con la fuerza. La primera es propia del hombre, la segunda de los animales.

N: *Es la mejor, supuesto que uno no trata sino con bestias.*

Nos enfrentamos con dos posibles valoraciones de Napoleón. En su mundo privado, alcanzó sus metas. Pero, considerado desde sus víctimas, Napoleón fue un destructor. Como gobernante no supo resolver los problemas de la nación. El dilema está presentado.

6

Continuaré con mi argumento. Napoleón fue muy inteligente en el ámbito privado (se salió con la suya), pero poco inteligente como gobernante (destrozó la nación). No estoy afirmando un desdoblamiento de personalidad, sino un desdoblamiento del *uso de la inteligencia*. Volviendo a las definiciones del capítulo primero, podríamos decir que Napoleón tenía una poderosísima inteligencia estructural, que, a pesar de su último fracaso, utilizó bien en su ámbito privado, pero que usó mal en el ámbito público.

Hay, pues, un uso privado y un uso público de la inteligencia. El uso privado se rige por criterios privados. El uso público se rige por criterios públicos. En el capítulo II hablé del uso racional de la inteligencia, como un proyecto para alcanzar evidencias universales. En el capítulo IV indiqué que la comunicación sólo era posible a partir de un espacio significativo común. Ahora tenemos que hablar de las metas comunes, como la paz, el progreso, la justicia, lo que he llamado en otros libros *felicidad política*.

El uso privado de la inteligencia no tiene por qué conducir a la moral. Me parece una ingenuidad decir lo contrario. Va a lo suyo. Si fracasa, lo hace en su proyecto íntimo de felicidad. Y ahí puede mantenerse. Kant diría, con razón, que el comportamiento del egoísta es malo porque no se puede universalizar, pero el malo le respondería que ese comportamiento es bueno para él, y que eso es lo único que le importa. Oirá los argumentos en contra como si fueran músicas celestiales. La idea estoica de que los malos son desdichados, y que es peor cometer injusticia que padecerla, no tiene sentido en la lógica privada. No es verdad que Pinochet sufriera más que los pobres hombres y mujeres que fueron torturados bajo su tiranía.

El uso privado de la inteligencia se enroca y se hace inexpugnable. Hubert Schleichert ha mostrado en su reciente libro *Cómo discutir con un fundamentalista sin perder la razón* (Siglo XXI, Madrid, 2004) que no se puede argumentar con quien niega los principios de la argumentación. *Contra principia negantem non est disputandum,* decían los clásicos. Sólo se puede argumentar con quien abandona el reducto privado y se planta en el terreno público. Pero ¿por qué había de hacerlo?

Ya he señalado algunos motivos. El entendimiento con los demás, la posibilidad de convivencia, el ajuste a la realidad, exigen un pensamiento objetivo. Sólo se pueden mantener unas relaciones amorosas satisfactorias poniendo en juego una inteligencia compartida, es decir, un uso interactivo del pensar, del sentir, del hablar. Una pareja que la posea mantiene lazos de comunicación fluidos y eficaces, resuelve más problemas de los que plantea, favorece la instalación en la realidad y ayuda a que cada uno de sus miembros consiga sus metas personales. La unión permite entonces articular motivaciones que parecen opuestas. Cada miembro aspira a su propia felicidad, pero en un contexto que implica la felicidad de la otra persona. Una de las demostraciones más evidentes de la inteligencia compartida es su capacidad de integrar metas en conflicto.

La inteligencia compartida es necesaria para una vida afectiva cumplida, sea en la relación de pareja, sea en la relación familiar, sea en la relación de vecindad. Pero esto no es suficiente, porque nada de esto importa al que no necesita amor, sino sólo sumisión. El poder es malo siempre que hace a un hombre absolutamente autosuficiente. El poderoso malvado sólo apelará a los argumentos universales cuando se encuentre en peligro. Los abogados de Pinochet quieren conseguir que su defendido no sea tratado a «la Pinochet». El tirano, que vulneró la legalidad, apela a la legalidad cuando se ve vencido. El sistema judicial, gran creación de la inteligencia pública, exige salir del ámbito privado para someterse al campo compartido de la ley.

El uso público de la inteligencia es imprescindible para evitar la tiranía y la lucha de todos contra todos. La lógica individual –la racionalidad dentro de un uso irracional de la inteligencia– lleva inevitablemente a la gorronería o a la violencia. El llamado *dilema de los bienes comunes* pone de manifiesto que lo que es mejor para cada individuo aislado puede ser peor para la comunidad. La explotación excesiva de los recursos –bosques, peces, petróleo– puede ser la opción más conveniente para un sujeto. «Después de mí, el diluvio» es una máxima muy razonable en el campo privado. No hay ninguna razón para que yo me preocupe de los demás y menos aún de las generaciones venideras. Garrett Hardin, en su clásico artículo «The Tragedy of the Commons», usó el ejemplo de la ganadería. La sobreexplotación de los pastos comunales por un individuo puede perjudicar a la comunidad, pero beneficiar al explotador. Este problema ha recibido muchos nombres: dilema social, problema de los bienes públicos, problema del gorrón, problema de la acción colectiva, problema de las externalidades negativas. Sólo puede tener solución si damos un salto desde el uso privado al uso público de la inteligencia, cuyas creaciones principales son la ciencia, la ética y el derecho.

7

La necesidad de admitir ambos usos se revela al analizar las verdades científicas o éticas. Jean Piaget distinguió entre un *sujeto psicológico* (lo que llamo privado) y un *sujeto epistémico* (lo que llamo público). Escribió: «El sujeto epistémico (por oposición al sujeto psicológico) es lo que hay de común a todos los sujetos, puesto que las coordinaciones generales de las acciones implican un universal que es el de la propia organización biológica.» Piaget no acertó del todo. Lo que él define es la *inteligencia estructural* común a todas las personas. Los mecanismos de la percepción, la memoria o el habla son análogos en todos los humanos. Pero hay que ir más allá y reconocer que esa inteligencia común a todas las personas puede usarse de modo privado y de modo público. Muchos filósofos llamaron «razón» a este uso público, convirtiéndolo en facultad, pero yo prefiero reservar el término razón para la capacidad de hacer razonamientos, tanto privados como universales, y reservar el término «uso» para la aplicación de esas capacidades a un proyecto.

Si usted recuerda algo de la filosofía que estudió, sabrá que los filósofos tuvieron que inventar un «sujeto ético», capaz de descubrir las normas de la misma manera que el «sujeto epistémico» descubría las verdades. Ha habido diferentes caracterizaciones de ese sujeto ético: el observador imparcial, la universalidad, el velo de la ignorancia. La teoría del observador imparcial propone un uso de la inteligencia «imparcial, libre de intereses y egoísmos, que sopesa todas las implicaciones». Se remonta a Adam Smith, que escribe: «Intentamos examinar la propia conducta como imaginamos que haría cualquier espectador honrado e imparcial. Si colocándonos en su situación logramos penetrar en todas las pasiones y motivos que la determinaron, la aprobamos, por simpatía con la aprobación de ese supuesto juez equitativo. Si por el contrario, participamos en su reprobación, la condenamos.» Es necesario separarse de uno mismo, hasta tal punto que al juzgar nuestras obras parece que nos dividiéramos en dos individuos: «El primero es el espectador, de cuyos sentimientos respecto a mi conducta intento hacerme partícipe, poniéndome en su situación y considerando lo que a mí me parecería si la contemplase desde su punto de vista. El segundo es el del agente, la persona que propiamente designo como a mí mismo, y de cuya conducta trato de formarme una opinión, como si fuera un espectador. El primero es el juez, el segundo la persona juzgada.»

Kant dio otra solución no muy diferente, usando el concepto de «imperativo categórico». Obra de tal manera que tu conducta pueda servir de máxima universal de conducta. Mentir no es bueno, porque es un comportamiento que no se puede universalizar. Si todo el mundo mintiera, la vida sería una continua sucesión de sobresaltos. Lo que yo considero bueno sólo lo es si cualquier ser racional lo consideraría bueno. Sartre dio una versión más explosiva: Cuando decides un acto, estás decidiendo en nombre de toda la Humanidad. Nada de esto preocupa al malvado poderoso. Como Napoleón, piensa que la fuerza es el único instrumento eficaz, y va a lo suyo. La moral del Único se mantiene en el ámbito privado. Al comienzo de la guerra de Irak apareció un polémico libro, escrito por uno de los neocon americanos, Robert Kagan, titulado *Poder y debilidad*. Decía que hay dos modos de interpretar la historia. Sus prototipos son Hobbes y Kant. Hobbes vive en el mundo real y sabe que el hombre es lobo para el hombre, y que sólo obedece a la fuerza. En cambio, Kant cree que el hombre es racional y puede resolver sus problemas mediante el derecho. Kagan concluye: «La confianza en el derecho es un autoengaño con que el débil intenta dignificar su debilidad.»

John Rawls ha dado otra versión del «sujeto ético». Afirma que una norma justa es aquella que consideraría tal una persona que ignorara cuál es su situación real, es decir, si es hombre o mujer, niño o anciano, obrero o empresario, blanco o negro. De esa manera tendría que proteger equitativamente los intereses de todos. Por ejemplo, al votar una ley sobre el subsidio de paro, intentará hacerlo sin saber si va a estar en esa situación alguna vez. Esta ficción supondría un método para alcanzar el estatus de «sujeto ético», el uso público de la inteligencia. Habermas lo consigue de otra manera: mediante el diálogo. Sería justa una norma obtenida por consenso tras un debate en el que participarán en situación de igualdad todos los afectados.

Todas estas teorías explican cómo podría funcionar un «sujeto ético» preocupado por alcanzar la justicia, pero son absolutamente ineficaces contra el individuo que se atrinchera en su inteligencia privada y dice: «Eso no va conmigo. Que cada cual se las arregle como pueda.» Se ve a las claras que un sujeto puede negarse a pasar del campo privado al campo público, si no se ve forzado a hacerlo, y esto plantea a las sociedades una gran decisión: fijar la jerarquía del uso público y del uso privado de la inteligencia, y articular la relación entre ambos niveles. En caso de conflicto, ¿cuál de esos usos debo elegir para no caer en un desprendimiento angélico ni en un egoísmo diabólico? De esto tratará el capítulo siguiente.

VII. SOCIEDADES INTELIGENTES Y SOCIEDADES ESTÚPIDAS

1

Este capítulo, que acaso para usted resulte el más arduo, despierta en mí una especial euforia. Voy a estudiar la gran creación de la inteligencia. Hasta ahora sólo la he tratado como facultad personal. Puede vivir en régimen privado o en régimen público, pero sin salir de su ámbito individual. En el primer caso, su actividad se funda en evidencias privadas, se guía por valores privados y emprende metas también privadas. En el segundo, busca evidencias universales, se guía por valores objetivos, y emprende metas compartidas. En ambos casos, no lo olvide, estoy hablando de una inteligencia individual, con carnet de identidad. Un pensador eremítico, aislado entre las breñas, puede buscar en su soledad verdades universales, es decir, está usando públicamente su inteligencia, aunque esté solo.

En este capítulo, en cambio, voy a hablar de la inteligencia social, la que emerge de los grupos, asociaciones o sociedades, la que nos permite hablar de sociedades inteligentes y sociedades estúpidas. La sociedad española dieciochesca que gritaba «Vivan las cadenas», la sociedad francesa que aplaudió la furia bélica y codiciosa de Napoleón, la sociedad alemana que aclamó a Hitler y se dejó contagiar de sus desvaríos, y la sociedad industrial avanzada que está construyendo una economía que esquilma irreversiblemente la naturaleza o que impone un sistema que hace incompatible la vida laboral y la vida familiar o una globalización que aumenta la brecha entre países pobres y ricos, son ejemplos de fracasos de la inteligencia compartida.

Vayamos paso a paso. ¿Qué entiendo por inteligencia social, comunitaria, compartida, o como prefiera llamarla? No se trata de la inteligencia que se ocupa de las relaciones sociales, sino de la inteligencia que surge de ellas. Es, podríamos decir, una inteligencia conversacional. Cuando dos personas hablan, cada una aporta sus saberes, su capacidad, su brillantez, pero la conversación no es la suma de ambas. La interacción las aumenta o las deprime. Todos hemos experimentado que ciertas relaciones despiertan en nosotros mayor ánimo, se nos ocurren más cosas, desplegamos perspicacias insospechadas. En otras ocasiones, por el contrario, salimos del trato con los humanos deprimidos, idiotizados. La conversación ha ido resbalando hacia la mediocridad, el cotilleo, la rutina. Nos ha empequeñecido a todos. Soy el mismo en ambas ocasiones, pero una de ellas ha activado lo mejor que había en mí y otra lo peor. Ortega dijo una frase que ha tenido una fortuna demediada, porque sólo se ha hecho popular una mitad y la otra pasó desapercibida. «Yo soy yo y mi circunstancia» es la mitad exitosa. «Y si no salvo mi circunstancia, no me salvo yo», es la mitad más importante, pero olvidada.

La inteligencia social es un fenómeno emergente. He tomado la idea del mundo de la economía. Los especialistas en *management* anglosajones acuñaron hace años un concepto brillante –organizaciones que aprenden, *learning organizations*– que con el tiempo se ha revelado muy útil. Los japoneses prefieren hablar de organizaciones que crean conocimiento. Todos están de acuerdo en una cosa: hay empresas inteligentes y empresas estúpidas. Aquéllas gestionan bien la información, detectan con rapidez los problemas, son capaces de resolverlos rápida y eficazmente, fomentan la creatividad y alcanzan sus metas –crear valor corporativo– al mismo tiempo que ayudan a que todos los implicados –los *stakeholders*– logren las suyas. Las estúpidas pasan a engrosar el cementerio empresarial.

Las empresas inteligentes consiguen que un grupo de personas, tal vez no extraordinarias, alcancen resultados extraordinarios gracias al modo en que colaboran. Una organización inteligente es la que permite desarrollar y aprovechar los talentos individuales mediante una interacción estimulante y fructífera. Comienza a hablarse de «capital intelectual» como uno de los grandes activos económicos, más aún, como la única riqueza verdadera.

Me parece muy provechoso extender esta noción a todo tipo de organizaciones, grupos, instituciones o sociedades. Hay parejas inteligentes y parejas estúpidas, familias inteligentes y familias estúpidas, sociedades inteligentes y sociedades estúpidas. El criterio es siempre el mismo. Las agrupaciones inteligentes captan mejor la información, es decir, se ajustan mejor a la realidad, perciben antes los problemas, inventan soluciones eficaces y las ponen en práctica. Así pues, junto a la inteligencia personal (que puede usarse privada o públicamente) encontramos una inteligencia social, que también tiene sus fracasos y sus éxitos.

2

¿Se puede hablar de «inteligencia social» sin caer en mitologías peligrosas como las que fabulan un espíritu de las naciones, de las razas o de las clases? No sólo es posible sino necesario. Para explicar lo que entiendo por inteligencia social utilizaré un ejemplo señero: el lenguaje, uno de los más fascinantes misterios de la sociedad. ¿Quién lo creó? ¿A quién se le ocurrió el formidable invento del subjuntivo o del adverbio o de la voz pasiva? A nadie y a todos. Los lenguajes, como las culturas, son creaciones colectivas, panales de un enjambre muy particular, cada una de cuyas abejas es un sujeto independiente, que puede introducir pequeños o grandes cambios en la colmena. Una necesidad universal y ubicua —comunicarse— conduce a la invención de modos cada vez más eficaces de hacerlo, que son aceptados y afinados por la comunidad. La inteligencia social es una tupida red de interacciones entre sujetos inteligentes. Cada uno aporta sus capacidades y saberes, y resulta enriquecido o empobrecido por su relación con los demás. Es una gran conversación coral. Hay un tejemaneje interminable entre personajes distinguidos, personas pasivas, grupos revolucionarios, grupos rutinarios, ocurrencias individuales, ocurrencias colectivas, que configuran una *creación mancomunada* que depende de la colectividad pero que es independiente de cada uno de los miembros de la colectividad. Reflexione usted sobre cómo se instaura una moda. Hay personajes influyentes —los creadores de tendencias, los medios de comunicación, los persuasores de todo tipo—, pero en último término la moda se basa en un indeterminado pero copioso número de decisiones más o menos libres.

Nadie puede, por ejemplo, introducir una palabra en el lenguaje. A lo sumo puede inventar un término y proponer su uso, pero que se generalice depende de los demás. Hace años intenté que se aceptara la palabra «estoicón» para designar a los miembros de una pareja más estable que un ligue pero más provisional que un matrimonio. Me había basado en la expresión «Desde hace dos años, *estoy con* Fulanita o con Menganito». El verbo «estar» siempre indica una situación más efímera que el verbo «ser». Mi propuesta no triunfó y por ello no puedo alardear de haber inventado una palabra española, sino sólo un vocablo privado, de uso personal.

La interacción de sujetos inteligentes produce un tipo nuevo de inteligencia —la inteligencia comunitaria o social— que produce sus propias creaciones: el lenguaje, las morales, las costumbres, las instituciones. No existe un espíritu de los pueblos o cosa semejante, sino un tupido tejer de agujas múltiples. Los intercambios recurrentes, copiosos, indefinidos producen pautas estables. Hay un minucioso trabajo de invención, reflexión, crítica, reelaboración, contrastación, puesta a prueba, proselitismo, iteración, rechazo, vueltas atrás, utopías, reivindicaciones, condenas, inquisiciones, librepensadores, científicos, estúpidos, santos, malvados, gentes del común, víctimas, verdugos, que sufriendo bandazos con frecuencia sangrientos, gracias a la inclemente pedagogía del escarmiento y a la gloriosa del placer y la alegría, produce una consistente segunda realidad. Los teóricos que hablan de la construcción de la realidad, frecuentemente con exageración, se refieren a la obra de estos telares infinitos y anónimos.

3

¿Cómo sabemos que fracasa una sociedad? Los seres humanos son intrínsecamente sociales. La sociedad, con sus ventajas y exigencias, con sus complejidades y riesgos, ha ido modelando, ampliando, cultivando el cerebro y el corazón humanos. Somos híbridos de neurología y cultura. El lenguaje y la libertad son creaciones sociales. Pero, además de esta inevitable índole social, los seres humanos conscientemente desean vivir en sociedad porque en ella descubren más posibilidades vitales. «Nadie se une para ser desdichado», decían los filósofos de la Ilustración, y los revolucionarios de 1789 lo afirmaron alegremente en su constitución: «La meta de la sociedad es la felicidad común.» La ciudad, por utilizar un nombre clásico, es fuente de soluciones. El hombre solitario no puede sobrevivir. Buscando, pues, su felicidad privada el ser humano se integra en el espacio público, y esto tiene trascendentales consecuencias. La primera es que debe coordinar sus metas, sus aspiraciones, sus conductas, con las metas, aspiraciones y conductas de los demás. Esta interacción continua es el fundamento de la inteligencia social, de la que depende el capital intelectual de una sociedad, sus recursos. Daré una fórmula sencilla, más que nada mnemotécnica, de los componentes de esta inteligencia:

Inteligencia social = inteligencias personales + sistemas de interacción pública + organización del poder.

Una sociedad de personas poco inteligentes, torpes, ignorantes, perezosas o sin capacidad crítica, no puede superar ningún test de inteligencia social. Pero tampoco podría hacerlo una sociedad compuesta sólo de genios egoístas o violentos. Es el uso público de la inteligencia privada lo que aumenta el capital intelectual de una comunidad. Al convertirse en ciudadano, el individuo se instala en un ámbito nuevo —la ciudad— que no puede ser una mera agregación de mónadas cerradas, sino que es forzosamente un sistema de comunicación interminable, donde todos influyen sobre todos, para bien o para mal. Los sistemas de interacción pública también determinan en la inteligencia social. No es lo mismo una comunidad dialogante que una comunidad perpetuamente en gresca, una ciudad generosa que una ciudad mezquina. Por último, el mal gobierno puede despeñar a una sociedad por el abismo de la estupidez, lo cual es siempre trágico, porque pagan inocentes los desmanes del poderoso. Todavía parece increíble lo que hizo Hitler con Alemania, Stalin con Rusia, Pol Pot con Camboya y, podríamos añadir, Alejandro Magno con Macedonia, Calígula con Roma, Napoleón con Francia, los papas del renacimiento con la Iglesia, etcétera, etcétera, etcétera.

A los ciudadanos les interesa sobremanera que la ciudad disfrute de un gran capital intelectual, que tenga la inteligencia necesaria para resolver los problemas que afectan a todos. La historia de la Humanidad puede contarse como un esfuerzo por crear formas de convivencia más inteligentes y también, como es notorio, como la crónica de sus fracasos y de sus éxitos.

En las culturas arcaicas, la ciudad estaba por encima del ciudadano, al que exigía una sumisión ilimitada. Esta idea llega hasta el Estado totalitario del siglo pasado, que aceptado como fuente dispensadora de todos los derechos del individuo, podía arrebatárselos cuando quisiera. «El Estado lo es todo; el individuo, nada» es una aclamada máxima fascista. La inteligencia social fue rebelándose contra esta tiranía, defendiendo los derechos individuales previos al Estado, desintoxicándose de la sumisión. Apareció así la idea de la dignidad inviolable del individuo. Un logro tardío. ¿Cómo se llegó a esa invención? ¿De dónde sacó fuerza y consejo la inteligencia comunitaria para dar a luz una idea tan brillante? Pues de la inteligencia de sus ciudadanos. Éstos se habían incorporado a la ciudad buscando mejores condiciones para alcanzar sus metas particulares, su felicidad en una palabra, y no podían consentir que la ciudad fuese una fuente de desdichas. Trabajaron entonces para defenderse de la Ciudad tiránica, pero manteniéndose dentro de la Ciudad benefactora. La felicidad privada consiste en la armoniosa realización de las dos grandes motivaciones humanas: el bienestar y la ampliación de posibilidades. Pues bien, para ambas cosas pedimos ayuda a la ciudad, y la ciudad fracasa si no nos las proporciona.

Sociedades estúpidas son aquellas en que las creencias vigentes, los modos de resolver conflictos, los sistemas de evaluación y los modos de vida, disminuyen las posibilidades de las inteligencias privadas.

Una sociedad embrutecida o encanallada produce estos efectos. Y también una sociedad adictiva, como es la nuestra en opinión de los expertos. La vulnerabilidad a las adicciones es un fenómeno cultural. Arnold Washton, un conocido especialista, señala: «Más y más personas están comenzando a darse cuenta de que nuestra avidez nacional por los productos químicos es sólo un aspecto de un problema nacional de conductas adictivas: *no únicamente el uso indebido de las drogas.*»

He dicho frecuentemente que las drogas no son un problema, sino una mala solución a un problema. Washton escribe: «El hecho de que estemos buscando esas gratificaciones a través de la adicción nos revela algo sobre el contexto social en que esto está ocurriendo: *colectivamente, se recurre a los elementos alteradores del estado de ánimo para satisfacer necesidades reales y legítimas que no son adecuadamente satisfechas* dentro de la trama social, económica y espiritual de nuestra cultura.» Es una mezcla de «mentalidad del arreglo rápido» y de «sentimiento de impotencia». Annie Gottlieb, en su estudio sobre la generación de los años sesenta titulado *Do You Believe in Magic?*, escribe: «Es el legado más agridulce que le dejaron las drogas a nuestra generación: el deseo de "sobrevolar" por encima de una vida llena de altibajos. Las drogas fueron como un helicóptero que nos depositara en el Himalaya para disfrutar de la vista, sin haber tenido que escalar. Esa experiencia nos dejó, durante años, con una avidez de éxtasis, una impaciencia por las cosas terrenas, una desconfianza en la eficacia del esfuerzo. A quienes tomaban un atajo hasta el mundo de la magia, les ha costado mucho aprender a tener paciencia, perseverancia y disciplina, a tolerar el exilio en el mundo común y corriente.»

No puedo eludir un problema. ¿La aceptación social garantiza la bondad de una solución? Rotundamente no. No es verdad que la mayoría tenga siempre razón ni que el pueblo no se equivoque nunca, como un discurso políticamente correcto dice con notoria frivolidad. Una sociedad resentida o envidiosa o fanática o racista puede equivocarse colectivamente, y, por el contrario, un hombre solo puede tener razón frente al mundo entero. Por eso, al hablar de éxito o fracaso de la inteligencia colectiva necesitamos apelar a algún criterio de evaluación. Le propongo el siguiente: *Debemos conceder a la inteligencia social la máxima jerarquía cuando proponga formas de vida que un suje-*

to ilustrado y virtuoso, en pleno uso público de su inteligencia, tras aprovechar críticamente la información disponible, considera buenas. Como habrá reconocido el lector avezado, es una propuesta estrictamente aristotélica, pero que incluye las propuestas de Rawls, Habermas y otros teóricos. No sonría al leer mi referencia a la virtud. ¿Qué otra cosa pedimos a un juez para poder confiar en él? La imparcialidad, la objetividad, el estudio minucioso de las circunstancias, la equidad, son virtudes, es decir, hábitos que perfeccionan el juicio.

Pero si al final el último juez ha de ser una persona concreta, ¿por qué doy tanta importancia a la inteligencia colectiva? Porque la complejidad social impide que una inteligencia aislada pueda manejar toda la información necesaria. Las experiencias personales, la variedad de las circunstancias, la comprobación práctica de la eficacia de las propuestas teóricas, son indispensables para una justa solución de los problemas. Me convenció de ello un racionalista tan estricto como Jacques Maritain, que después de intentar fundamentar los principios éticos acabó reconociendo que «el factor más importante en el progreso moral de la humanidad es el desarrollo experimental del conocimiento, que se registra al margen de los sistemas filosóficos». La práctica es la definitiva corroboración de la teoría.

He dicho muchas veces que la Historia es el banco de pruebas de los sistemas normativos. Muchas creencias que fueron mayoritariamente aceptadas en su época acabaron siendo rechazadas tras una larga y con frecuencia terrible experiencia. Tenemos una sabiduría de escaldados. Podría multiplicar los ejemplos: la esclavitud, la discriminación de la mujer o de los negros, la ignorancia de los derechos de los niños, el carácter sagrado de los reyes, los estados confesionales y teocráticos, el proceso de inmunización a que se acogen los dogmatismos religiosos, la supremacía de la raza, el uso de la tortura como procedimiento judicial legítimo, y muchos otros. La vigencia de estas creencias disparatadas, erróneas o perversas es un gran fracaso de la inteligencia social.

Los fracasos de la sociedad, como los del individuo, pueden ser cognitivos, afectivos y operativos. Este capítulo sirve, por ello, como recordatorio de lo ya explicado.

4

Fracasos cognitivos. La inteligencia fracasa cognitivamente cuando mantiene creencias blindadas. Los prejuicios, la superstición, el dogmatismo y el fanatismo son fenómenos sociales antes que personales. Hay culturas que los fomentan y protegen. La intolerancia religiosa repite una y otra vez los mismos comportamientos. El débil reclama la libertad que le protege del tirano, pero si llega a ser poderoso se olvida de lo que antes pedía. Los cristianos, perseguidos cruelmente por el Sanedrín y por el Imperio, reclamaron tolerancia. A principios del siglo III, Tertuliano escribe: «Tanto por la ley humana como por la natural, cada uno es libre de adorar a quien quiera. La religión de un individuo no beneficia ni perjudica a nadie más que a él. Es contrario a la naturaleza de la religión imponerla por la fuerza.» Pero en el año 313 Constantino reconoce legalmente a los cristianos, y un siglo después la Iglesia, contaminada por el poder, había admitido la persecución de los heterodoxos. Los emperadores romanos proscribieron el paganismo. Entonces cambiaron las tornas y a finales del siglo IV eran los paganos ilustres los que defendían la libertad de culto contra los que la defendían un siglo antes. «*Uno itinere non potest perveniri ad tam grande secretum.*» «¡No hay un solo camino», exclamó Símaco en el senado romano en el año 384, «por el que los hombres puedan llegar al fondo de un misterio tan grande!» Pero ya habían perdido la vez.

El protestantismo repite el modelo. Lutero blande la libertad de conciencia, el libre examen, como arma devastadora contra la Iglesia. En peligro, a punto de recibir la bula de excomunión, defiende con toda contundencia la libertad religiosa: «No se debe obedecer a los príncipes cuando exigen sumisión a errores supersticiosos, del mismo modo que tampoco se debe pedir su ayuda para defender la palabra de Dios.» Pero unos años después, cuando se siente más fuerte, se olvida de lo dicho y pide ayuda a los príncipes, y los exhorta para vengarse sin piedad a los réprobos. Los luteranos persiguen implacablemente a los anabaptistas, que cuando les llegó el turno los persiguieron con el mismo afán, tras conseguir el poder en Münster.

Lo mismo sucedió en el mundo musulman. Aún se mantiene abierta la lucha entre chiíes y sunitas, y en algunos países, como Sudán, desde el gobierno musulmán se lleva a cabo una guerra de exterminio contra los cristianos. Todos estos sucesos son terribles fracasos de la inteligencia, encerrada en un fanatismo que, incapaz de aprender de la experiencia, repite una y otra vez las mismas brutalidades.

Podría escribir una historia de las culturas intoxicadas que recogiera las creencias falsas que han servido para legitimar situaciones injustas. Por ejemplo, la diferencia radical de los seres humanos, la radical separación de castas que todavía perdura en regiones de la India, la discriminación por razón de sexo o de raza. Ni siquiera Aristóteles, el gran educador ético de Europa, se libró de este tipo de creencias, pues afirmó que la esclavitud pertenecía al orden natural:

> La naturaleza quiere incluso hacer diferentes los cuerpos de los esclavos y los de los libres; unos, fuertes para los trabajos necesarios; otros, erguidos e inútiles para tales menesteres, pero útiles para la vida política *(Política,* 1254b).

Las creencias sobre la homosexualidad proporcionan un dramático y actual caso de estudio. En 1936 Himmler promulgó un decreto que decía: «En nuestro juicio de la homosexualidad (síntoma de degeneración que podría destruir nuestra raza) hemos de volver al principio rector: el exterminio de los degenerados.» En consecuencia, dio orden de enviarlos a campos de nivel 3, es decir, a campos de exterminio. Según la iglesia luterana austríaca fueron asesinados más de doscientos mil. Pero la injusticia no terminó con la caída del régimen nazi. Después de la guerra se compensó generosamente a los supervivientes de los campos de concentración, excepto a los homosexuales, porque continuaban siendo legalmente «delincuentes» según la legislación alemana. Al menos hasta el año 2000 la homosexualidad masculina estaba castigada con pena de muerte en Afganistán, Pakistán, Chechenia, Arabia Saudí, Emiratos Árabes Unidos, Irán, Yemen, Mauritania y Sudán. La intolerancia es siempre un fracaso de la inteligencia, lo que no significa, sin embargo, que la tolerancia sea siempre un triunfo.

Me referiré ahora a creencias no tan sanguinarias pero que influyen decisivamente en la vida de las sociedades.

Las ideas que una sociedad tiene acerca de lo que es la inteligencia y la libertad condicionan su modo de enfrentarse con los problemas. En Occidente, la mayor parte de las definiciones de inteligencia se centran en la habilidad cognitiva, cosa que no ocurre en otras culturas. Dasen comparó las creencias americanas con las de una tribu africana, los baoulé. Las dos sociedades concebían la inteligencia en términos de alfabetización, memoria y capacidad de procesar la información rápidamente, pero los baoulé consideraban que esas habilidades sólo adquirían significado cuando se aplicaban al bienestar de la comunidad. Los baoulé enfatizaban la inteligencia social, es decir, orientada a colaborar con otros y servir al grupo. Estoy de acuerdo con ellos.

La idea de libertad determina también la inteligencia de una sociedad. El gran Montesquieu dice en el libro XI, 2 de *El espíritu de las leyes,* refiriéndose a los moscovitas de la época de Pedro el Grande, que «por mucho tiempo han creído que la libertad consistía en el uso de llevar la barba larga». Tal vez no hayamos progresado mucho. ¿Qué lugar debe ocupar la libertad en la jerarquía de valores? La glorificación de la libertad es una creación de Occidente. Otras culturas consideran más importantes otros valores como la paz, la concordia, la obediencia a la ley. En Occidente ha prevalecido últimamente una creencia acerca de la libertad que augura muchos fracasos sociales, y que podría enunciarse así: *Sólo es libre la acción espontánea.* Es difícil negarse a esta evidencia, que, sin embargo, encierra una contradicción insostenible. Afirma una idea de libertad que anula la libertad. En efecto, si el comportamiento no es espontáneo, es coaccionado. El superego, la educación, las normas, el qué dirán o la moral del grupo dirigen y anulan la libertad. El sujeto, por lo tanto, no es libre. Pero ocurre que si actúa espontáneamente, tampoco lo es, porque la espontaneidad es mera pulsión. Lo que llamamos naturalidad no es más que el determinismo de la naturaleza. La paradoja nos ha cazado: si quiero ser libre no puedo ser espontáneo, ni dejar de serlo. Esta falsa idea de libertad lleva a la conclusión de que sólo se es libre si se está absolutamente desvinculado de todo. Y esto es la negación de la inteligencia comunitaria. Su fracaso.

5

Fracasos afectivos. Las sociedades fomentan estilos afectivos diferentes, por ello hay culturas pacíficas y culturas belicosas, culturas egoístas y culturas solidarias. En *Sexo y temperamento,* Margaret Mead muestra dos modelos de afectividad social. Los arapesh son un pueblo cooperador y amistoso. Trabajan juntos, todos para todos. El beneficio propio parece detestable. «Sólo había una familia en el poblado», cuenta la autora, «que demostraba apego por la tierra, y su actitud resultaba incomprensible para los demás.» Se caza para mandar la comida a otro. «El hombre que come lo que él mismo caza, aunque sea un pajarillo que no dé para más de un bocado, es el más bajo de la comunidad, y está tan lejos de todo límite moral que ni se intenta razonar con él.»

Para los arapesh el mundo es un jardín que hay que cultivar. Mi alma de horticultor no puede dejar de conmoverse ante esta poética concepción del mundo. El deber de los niños y del ñame es crecer. El deber de todos los miembros de la tribu es hacer lo necesario para que los niños y el ñame crezcan. Cultivo de los niños, cultura del ñame, o al revés. Hombres y mujeres se entregan a tan maternal tarea con suave entusiasmo. Los niños son el centro de atención, la educación entera es educación sentimental. No hace falta que el niño aprenda cosas, pues lo importante es suscitar en él un sentimiento de confianza y seguridad. Hacerle bondadoso y plácido, eso es lo importante. Se le enseña a confiar en todo el mundo. Los niños pasan temporadas en casa de sus familiares, para que se acostumbren a pensar que el mundo está lleno de parientes.

A ciento sesenta kilómetros de los pacíficos arapesh viven los mundugumor, que han creado una cultura áspera, incómoda, malhumorada. Todo parece fastidiarles, lo que no es de extrañar, porque su organización fomenta un estado de cabreo perpetuo. La relación con el sexo opuesto y la organización familiar están cuidadosamente diseñadas para provocar irremediables conflictos. La estructura básica de parentesco se llama *rope* y es una máquina perfecta de intrigas y odios. El padre y la madre encabezan familias distintas. El *rope* del padre está compuesto por sus hijas, sus nietos, sus bisnietas, sus tataranietos, es decir, una generación femenina y otra masculina. El *rope* materno está contrapeado. Ambas familias se odian, no por casualidad, sino por los ritos de casamiento. Los mundugumor cambian una novia por una hermana, por lo que los hijos consideran a su padre un rival peligroso, que puede cambiar a sus hijas por unas esposas más jóvenes para él. En reciprocidad, los hijos son también un peligro para el padre, que ve su crecimiento como el crecimiento de unos enemigos. En cada choza mundugumor hay una esposa enfadada y unos hijos agresivos, listos para reclamar sus derechos y mantener en contra del padre sus pretensiones sobre las hijas, única moneda para comprar una novia. No es de extrañar que la noticia de un embarazo se reciba con disgusto. El padre sólo quiere hijas para ampliar su *rope*. La madre quiere hijos, por lo mismo. La educación de los niños es una minuciosa preparación para este mundo sin amor. No hay lugar para la tranquilidad o la alegría. Todos los mundugumor saben que por una u otra razón tendrán que pelear con su padre, con sus propios hermanos, con la familia de su mujer, con la propia mujer. Las niñas ya saben que serán el origen de las peleas. Ése será su dudoso privilegio.

Los estilos afectivos sociales condicionan la vida del individuo, ampliándola o disminuyéndola. El odio, la agresividad, la envidia, la impotencia, la soberbia, extravían a las sociedades. Según Fukuyama, en los años sesenta se produjo una gran ruptura social. Aumentó la delincuencia, se generalizaron las disoluciones familiares y disminuyó la confianza entre los ciudadanos. Estos tres fenómenos derivaban de un cambio más profundo, a saber, de una quiebra del capital social, de la inteligencia comunitaria, que por un cóctel tóxico de malas creencias y malos sentimientos acabó planteando más problemas de los que era capaz de resolver. Las sociedades pueden encanallarse cuando se encierran en un hedonismo complaciente, y carecen de tres sentimientos básicos: compasión, respeto y admiración. Compadecer es sentirse afectado por el dolor de los demás, y es la base del comportamiento moral. Considerar la compasión como un sentimiento paternalista y humillante es una gigantesca corrupción afectiva. Cada vez que se grita «No quiero compasión sino justicia» se está olvidando que ha sido precisamente la compasión la que ha abierto el camino a la justicia. Respeto es el sentimiento adecuado ante lo valioso. Se trata de un sentimiento activo, que se prolonga en una acción de cuidado, protección y ayuda. Es, sobre todo, el sentimiento que capta y aprecia la dignidad del ser humano. Cuando desaparece se cae en la trivialización y en la tiranía del quemasdá. Por último, la admiración es la valoración de la excelencia. Un igualitarismo mal entendido nos impide apreciar a los demás. «Nadie es más que nadie» es una afirmación estúpida por degradante. No es lo mismo el hombre que ayuda a los demás que el hombre que los tortura. No es lo mismo Hitler que Mandela. La carencia de admiración es un encanallamiento. Tenía razón Rousseau cuando se quejaba en una carta a D'Alembert: «Hoy, señor, no somos ya lo suficientemente grandes para saberos admirar.»

6

Fracasos operativos. La inteligencia social puede equivocarse en las metas. Por ejemplo, cuando crea mitologías a las que sacrifica los derechos individuales, la felicidad del ciudadano. La gloria nacional ha sido una de ellas. Colbert, ministro de Luis XIV, organizó eficazmente la economía francesa, pero su meta no era la prosperidad de los franceses, sino la financiación de las guerras expansivas del rey. Henri Guillemin, en su requisitoria contra Napoleón, escribe: «Necesitaba deslumbrar a la plebe republicana, a la que había reducido al silencio, con la *gloire*. No sólo a corto plazo sino constantemente. Era un buen procedimiento para que pensara en otra cosa y no en su situación real.» Cuando la Nación, la Raza, el Partido, la Iglesia, el Bien común, como abstracción, se yerguen como marco supremo, se agazapan tras unas mayúsculas amedrentadoras, acaban destruyendo a los ciudadanos.

Las sociedades pueden proponerse metas contradictorias. El régimen soviético intentó hacer compatible la estatalización de la economía con su eficacia. No era posible. Los mecanismos del mercado permiten un mejor aprovechamiento de la información y una asignación de recursos más productiva.

Un fracaso en los sistemas ejecutivos puede darse por exceso o por defecto. El exceso es la tiranía, que en ocasiones es aceptada gustosamente por la sociedad, lo que supone un fracaso de su inteligencia. El miedo, por ejemplo, impulsa a esa abdicación de la libertad. El defecto es la anarquía, cuando quiebran todos los sistemas de control. Suele llevar a la tiranía por compensación. Herodoto cuenta que cuando moría el emperador de Persia se suspendían durante cinco días todas las leyes. Los desmanes sufridos durante ese paréntesis anárquico hacían que el pueblo anhelase la llegada de un nuevo emperador.

La inteligencia, como he repetido tantas veces, culmina en la resolución de los problemas prácticos, en especial de los que se refieren a la felicidad personal y a la dignidad de la convivencia. La convivencia humana ha planteado siempre problemas enconados que cada cultura ha intentado resolver a su manera. El valor de la vida, la propiedad de los bienes y su distribución, la sexualidad, la familia y la educación de los hijos, la organización del poder político, el trato a los débiles, ancianos o enfermos, el comportamiento con los extranjeros y la relación con los dioses han sido, son y probablemente serán los fundamentales. Una evolución histórica agitada y feroz ha ido seleccionando los métodos mejores para resolver esta contienda inacabable. La inteligencia comunitaria, después de recorrer muchos laberintos, denomina «justicia» a la mejor solución de conflictos.

Una cosa es terminar un problema y otro resolverlo. Un pleito por un prado se termina cuando uno de los contendientes saca una escopeta y mata al otro. Se ha terminado, pero no se ha resuelto. Lo de «muerto el perro se acabó la rabia» no vale ni para los perros. Lo importante es que desaparezca el bacilo de la rabia. Un problema sólo se resuelve cuando se termina dejando a salvo los valores para la convivencia. De lo contrario, retoñará. El escritor israelita Amos Oz transcribe una conversación con un compatriota defensor de una política de fuerza. La tesis de este halcón es que para conseguir la deseada paz hay que destrozar al enemigo, como sea, incluso con armas nucleares, y que postergarlo sólo servirá para aumentar el sufrimiento:

> Estoy dispuesto a cumplir voluntariamente el trabajo sucio para el pueblo de Israel, a matar a los árabes que haga falta, a expulsarlos, perseguirlos, quemarlos, hacernos odiosos... Hoy ya podríamos tener todo esto detrás de nosotros, podríamos ser un pueblo normal con valores vegetarianos... y con un pasado levemente criminal: como todos. Como los ingleses y los franceses y los alemanes y los estadounidenses, que ya han olvidado lo que hicieron a los indios, a los australianos, que han aniquilado a casi todos los aborígenes, ¿quién no? ¿Qué tiene de malo ser un pueblo civilizado, respetable, con un pasado ligeramente criminal? Eso ocurre hasta en las mejores familias.

Tiene razón al decir que ésta ha sido la política aplicada a lo largo de la historia. En cada momento se terminó con el problema, pero no se solucionó nunca. Por eso la historia humana continúa siendo el libro de cuentas de un matadero, como siempre ha sido: este empecinamiento es un cruel fracaso de la inteligencia.

7

El triunfo de la inteligencia personal es la felicidad. El triunfo de la inteligencia social es la justicia. Ambas están unidas por parentescos casi olvidados. Hans Kelsen, uno de los grandes juristas del pasado siglo, los describió con claridad: «La búsqueda de la justicia es la eterna búsqueda de la felicidad humana. Es una felicidad que el hombre no puede encontrar por sí mismo, y por ello la busca en la sociedad. La justicia es la felicidad social, garantizada por el orden social.» La felicidad política es una condición imprescindible para la felicidad personal. Hemos de realizar nuestros proyectos más íntimos, como el de ser feliz, integrándolos en proyectos compartidos. Sólo los eremitas de todos los tiempos y confesiones han pretendido vivir su intimidad con total autosuficiencia. Han sido atletas de la desvinculación. De todo esto se desprende un colorario:

Son inteligentes las sociedades justas. Y estúpidas las injustas. Puesto que la inteligencia tiene como meta la felicidad —privada o pública—, todo fracaso de la inteligencia entraña desdicha. La desdicha privada es el dolor. La desdicha pública es el mal, es decir, la injusticia.

8

Una condición de la justicia es elegir bien el marco al que adjudica mayor jerarquía. Al final del capítulo anterior planteaba la cuestión de si debía ser el marco individual o el marco social el que ocupase ese lugar de preeminencia. La tensión entre individuo y sociedad es inevitable. El individuo, que acude a la ciudad para aumentar su libertad, vuelve a su casa cargado de deberes, lo que le produce cierta irritación. Creo que los grandes fracasos de la inteligencia social aparecen cuando no resuelve bien esta tensión.

El relativismo extremo arma una trampa social. Se ha extendido la idea de que es un síntoma de progresismo político, y que la equivalencia de todas las opiniones es el fundamento de la democracia, creencia absolutamente imbécil y contradictoria. Si todas las opiniones valen lo mismo, las creencias de los antidemócratas son tan válidas como las de los demócratas. De hecho, los neofascistas europeos se han apuntado al carro posmoderno. Escuche lo que dice Jean-Yves Gallou: «No existe una lógica universal que sea válida para todos los seres racionales. A todo sustrato étnico corresponde una lógica propia, una visión del mundo propia.» El relativismo cultural, que tan liberador parecía, acaba en el nazismo.

Noam Chomsky, de cuya ejecutoria democrática y antiimperialista nadie dudará, ha denunciado vigorosamente el carácter reaccionario de esta aparente progresía: «Hoy día, los herederos de los intelectuales de izquierda buscan privar a los trabajadores de los instrumentos de emancipación, informándonos de que el proyecto de los enciclopedistas ha muerto, que debemos abandonar las ilusiones de la ciencia y de la racionalidad, un mensaje que llenará de gozo a los poderosos, encantados de monopolizar esos instrumentos para su propio uso.»

Todavía son un atentado más grave contra la inteligencia social las creencias desmoralizadoras. Las que niegan la necesidad o la posibilidad de ponernos de acuerdo sobre la idea de justicia. Estamos apresados entre los cuernos de una paradoja alumbrada por la historia de la moral occidental. Hemos puesto como valor supremo la autonomía personal, lo que debilita el poder de las normas universales, una de las cuales es el valor de la autonomía personal. El arroyo ciega la fuente de la que procede. Sófocles lo mostró ya en *Antígona*. La protagonista hace caso a su conciencia y se enfrenta a las leyes de la ciudad. El coro la increpa llamándola *autonomós,* que suena a reproche y no a elogio. Ha sido arrastrada por su soberbia, prefiriendo su ley privada a la ley común. También se descubre el proceso paradójico en la historia del cristianismo. La doctrina eclesial de la responsabilidad personal acaba en el libre examen, que se convierte en una instancia contra la doctrina eclesial. En caso de enfrentamiento entre la norma moral establecida y mi conciencia moral, ésta debe prevalecer. Tal paradoja ha penetrado incluso en los sistemas legales. La objeción de conciencia es una paradoja jurídica. Una ley autoriza a que en ciertos casos se incumpla la ley.

La inteligencia social ha descubierto, pues, el valor de la libertad de conciencia, con lo que convierte a la propia conciencia en máximo tribunal del comportamiento. Esto es verdadero y disparatado, según se mire. Lo único que este derecho protege es la personal búsqueda de la verdad. La protege, ciertamente, pero también la exige.

En este momento, mi argumento cierra su círculo. Al hablar de la inteligencia personal había indicado que había un uso privado y un uso público. El privado buscaba evidencias privadas, se guiaba por valores privados y emprendía metas privadas. El uso público buscaba evidencias universales, se guiaba por valores objetivos y emprendía metas comunes. Pues bien, lo que nos dice la inteligencia comunitaria es que la justicia, que es su gran creación, exige un uso público de la inteligencia.

La libertad de conciencia sólo adquiere su legitimidad total cuando esa conciencia se compromete a buscar la verdad, a escuchar argumentos ajenos, atender a razones, y rendirse valientemente a la evidencia, aunque vaya en su contra. Es decir, a saltar por encima de los muros de su privacidad. Sin esta contrapartida, el derecho a la libertad de conciencia puede convertirse en protector de la obstinación y el fanatismo, grandes derrotas de la inteligencia, como ya hemos visto. El uso público de la inteligencia se propone salir del mundo de las evidencias privadas, donde puede emboscarse el capricho, la obcecación, o el egoísmo, para buscar el mundo de las evidencias universalizables que pueden compartir todos los seres humanos. Necesitamos recuperar el mensaje de Antonio Machado:

> En mi soledad
> he visto cosas muy claras,
> que no son verdad.

9

El mundo actual, desgarrado por un choque de civilizaciones, necesita saber a qué atenerse en este asunto. Las creencias privadas son legítimas mientras no afecten a otras personas. En este caso, deben someterse a las evidencias universales. La importancia de aceptar este principio se pone de manifiesto con especial agudeza en los enfrentamientos religiosos. Aunque a estas alturas del libro el lector se encuentre agotado, debo exigirle un último esfuerzo de atención porque necesito explicarle algo sobre la verdad.

Solemos decir que la verdad es la concordancia entre un pensamiento y la realidad, pero esta afirmación tan clara deja muchas cosas en la sombra. Prefiero definir la verdad como la manifestación evidente de un objeto. Le acompaña una certeza subjetiva. El primer principio de una teoría del conocimiento es: «Lo que veo, lo veo.» Por ejemplo, que el sol se mueve en el cielo. Por desgracia, ese inexpugnable principio tiene que completarse con otro que le baja los humos: «Toda evidencia puede ser tachada por una evidencia más fuerte.» Es decir, la evidencia de que el sol se mueve en el cielo es tachada por una evidencia astronómica que nos dice que es la Tierra la que se mueve alrededor del sol.

Tengo que propinarle una definición: Entiendo por verdad *la manifestación evidente de un objeto*. Le acompaña la certeza subjetiva, y puede expresarse en un juicio, que llamaríamos «juicio verdadero». Su fuerza depende del *estado de verificación en que se halle*. Lo que llamamos verdad científica no es más que la teoría mejor corroborada en un momento dado. Ahora, en física, es la mecánica cuántica y la teoría de la relatividad. Mañana, ¿quién sabe? Por el rango de su corroboración tenemos que distinguir las verdades privadas, las verdades privadas colectivas y las verdades universales.

Verdades privadas son aquellas que por su objeto, por la experiencia en que se fundan, por la imposibilidad de universalizar la evidencia, quedan reducidas al mundo de una persona. Es privada también una verdad científica antes de que haya sido demostrada. Son, pues, verdades biográficas, no verdades reales, es decir, intersubjetivas. Por ejemplo, la confianza que tengo en una persona es una verdad privada que se funda en dos evidencias: estoy seguro de mi confianza, y estoy seguro de que la otra persona es de fiar. Esto último puede manifestarse falso en la continuación de la experiencia, es decir, la verdad privada también puede falsarse, empleando el término de Popper.

Lo que no se puede hacer es universalizarla, porque la experiencia en que se basa es privada.

La vida va confirmando o rebatiendo una parte importante de nuestras verdades privadas, da igual que se trate de un amor o de una experiencia religiosa. Desde fuera del sujeto dichas verdades pueden no tener sentido, pero no pueden rebatirse. No puedo decir que quien dice que ha visto a Dios no le ha visto. Es el propio sujeto quien tiene que buscar las pruebas de su verdad, por honestidad o por puro interés, como los enamorados que pedían «pruebas» de su amor a la persona amada. Los demás sólo podemos decir que el estado de verificación de esta verdad es privado, y que desde el exterior sólo podemos considerarla como presunta verdad, mientras no entre en colisión con alguna verdad más fuerte. A veces, por ejemplo en el caso de las alucinaciones, se puede demostrar que esa evidencia es falsa, que no hay voces, ni personas, ni alimañas subiéndose por las sábanas, pero en otros casos tan sólo podemos abstenernos de juzgar.

Verdades privadas colectivas. Con esta expresión contradictoria designo las verdades privadas, es decir, que no pueden universalizarse, pero que son compartidas por una colectividad. Las creencias religiosas pertenecen a este tipo. Son verdades comunes, participadas, pero sólo por un grupo, cuyo consenso fortalece las fes particulares. La comunidad como corroboración social es uno de los grandes mecanismos que aseguran las certezas religiosas, porque producen un espejismo de verdad intersubjetiva.

Son también un eficaz mecanismo para hacer naufragar la inteligencia social.

Verdades universales, intersubjetivas, son aquellas evidencias suficientemente corroboradas, al alcance teórico de todas las personas (las evidencias de la física cuántica están teóricamente al alcance de todos, pero realmente sólo al alcance de los que estudien física), y sometidas a rigurosos criterios de verificación metódicamente precisados por la ciencia a lo largo de la historia, que permiten alcanzar una garantía que va más allá del mero consenso subjetivo. Una teoría no es verdadera porque la admitan los científicos, sino que los científicos la admiten porque la consideran verdadera. La ética puede alcanzar este *estado de verificación,* aunque por caminos distintos a los que sigue la ciencia. Comienza en una experiencia afectiva, evaluativa, y sigue caminos metodológicamente distintos.

De lo dicho se puede deducir un «principio ético acerca de la verdad»:

En todo lo que afecta a las relaciones entre seres humanos, o a asuntos que impliquen a otra persona, una verdad privada –sea individual o colectiva– es de rango inferior a una verdad universal, en caso de que entren en conflicto.

Las religiones son verdades privadas, cuya corroboración interesa al sujeto que las está manteniendo, y que en el ámbito de la acción pública, por ejemplo en el comportamiento, tienen que someterse a las verdades éticas. Cosa que, por otra parte, han hecho o llevan camino de hacer todas las religiones. No pueden, por lo tanto, imponerse por la fuerza, pero tampoco pueden ser erradicadas por la fuerza, mientras permanezcan en el ámbito íntimo, y sus consecuencias no perjudiquen a nadie.

10

Aquí termina esta herborización de fracasos. La consecuencia es clara. Debemos anhelar el triunfo de la inteligencia, porque de ello depende nuestra felicidad privada y nuestra felicidad política. En aquellos asuntos que nos afectan a todos, la inteligencia comunitaria es el último marco de evaluación. Abre el campo de juego donde podremos desplegar nuestra inteligencia personal. Colaborará a nuestro bienestar y a la ampliación de nuestras posibilidades. La justicia –la bondad inteligente y poco sensiblera– aparece inequívocamente como la gran creación de la inteligencia. La maldad es el definitivo fracaso.

EPÍLOGO: ELOGIO DE LA INTELIGENCIA TRIUNFANTE

La inteligencia fracasada pare dos terribles hijas: la desdicha evitable y la maldad, que añade sin remedio desgracia a la desgracia. Son nuestras dos grandes derrotas, cada cual con copiosas genealogías que he inventariado: fanatismo, insensibilidad, desamor, violencia, rapacidad, odio, afán de poder, miedo. La historia produce una resaca amarga y desolada. ¿Por qué no aprendemos?

Comencé este libro hablando de Kafka y retomo lo dicho: «Fue víctima de una patética vulnerabilidad, que le hizo escribir: "En el bastón de Balzac se lee esta inscripción: 'Rompo todos los obstáculos.' En el mío: 'Todos los obstáculos me rompen.'" ¿De dónde provino esa fragilidad? ¿Hubiera podido evitarla? ¿Hubiera debido evitarla? Una pregunta más insidiosa: ¿Hubiéramos querido que la evitara?» Me gustaría insistir en esta última cuestión. ¿Preferiríamos un Kafka feliz a las obras de un Kafka desdichado?

La pregunta puede parecer retórica, pero la planteo muy en serio. Una esquinada idea de la naturaleza humana sobreentiende que la felicidad es pancista y boba, y que sólo el sufrimiento es creador. Esta idea ha generado un sistema conceptual entero, que, desde el romanticismo, determina nuestro estilo cultural: «Sé bello y triste» era la consigna. Cundió una fascinación por la enfermedad y la locura, que no se corresponde con la realidad. No hay nada más terrible que la enfermedad ni más monótono que la locura.

Los conceptos tienen vida propia, como ya vio Hegel. Nacen, crecen, se reproducen y a veces mueren. Urden conspiraciones por su cuenta. Acaban generando un subterráneo campo de fuerzas que dirige nuestra acción desde las sombras. La idea de que sólo pueden ser creadores los desgraciados tiene un envés evidente, aunque oculto de puro transparente, donde se lee que la felicidad es embrutecedora, vulgar, burguesa. Y lo mismo habría que decir de la bondad, que se contempla como la sumisión rutinaria, cobarde y boba a una norma. Ya lo dijo el ingenioso transgresor de turno: «El que es bueno es porque no tiene valor para ser otra cosa.» Con semejante panorama, cualquier alma refinada querría ser desdichada o perversa.

Lou Andreas-Salomé, en su biografía de Nietzsche, le representa muy románticamente, infligiéndose torturas y estremecimientos inauditos de los cuales surgirá, jadeante pero fecundado, su pensamiento:

> «Todo lo que no me mata, me da fuerza», afirma orgulloso y se flagela así, no hasta el suicidio, sino hasta alcanzar un paroxismo de excitación y frenesí que lo deja cubierto de sangre. Esta búsqueda del sufrimiento es, a través de toda su evolución, manantial verdadero en el que bebe su genio. Él mismo lo ha explicado de forma penetrante: «El Espíritu es la vida que saja ella misma a la vida; con su propio tormento aumenta su propio saber –¿sabíais ya esto?...Vosotros conocéis sólo chispas del

espíritu: ¡pero no veis el yunque que es él, ni la crueldad de su martillo!»

Triunfa, pues, la idea de que la felicidad es embrutecedora y el mal es creador. Este sistema cuenta con colaboradores insignes. Heidegger defendió que sólo la angustia permitía revelar la verdadera realidad. Sartre añadió que eran el aburrimiento y la náusea los que nos descubrían la verdadera índole del Ser. Un Ser, por supuesto, declarado en ruina, como afirmó gozosamente Vattimo.

¿Y si imagináramos a Nietzsche feliz? ¿Y si hubiera encontrado esa gran salud que buscaba desesperadamente? ¿Y si invirtiéramos el discurso y pensáramos que la actitud privilegiada para ver el mundo es la alegría, la serenidad o el coraje? Elaboraríamos una metafísica de la posibilidad creadora, esforzada pero eufórica. Reconoceríamos que los pesimistas viven bien gracias a los ridiculizados optimistas; que los que se quejan de que esto no tiene arreglo cobran sus pensiones gracias a los que pensaban que lo tenía; y que el escepticismo colabora con la reacción a las primeras de cambio.

Por debajo de todas las pamplinas de la creación morbosa hay una teoría equivocada, que identifica la felicidad con el placer. Inventa un fantoche para después alancearlo con facilidad. Si ser feliz significa beber, comer, folgar y dormir, uno está tentado, claro está, a glorificar la desdicha. Pero Stuart Mill ya advirtió una cosa obvia: «El cerdo aspira a una felicidad de cerdo.» Ésta no es la felicidad humana, a no ser que el hombre no se haya previamente degradado. Ya le dije que la felicidad humana es la armoniosa satisfacción de dos grandes aspiraciones: el bienestar y la creación. Las dos cosas. Son anhelos contradictorios y, con frecuencia, preferimos elegir uno de los factores, antes que mantener un difícil equilibrio. El bienestar o la creación. El sufrimiento o la vulgaridad. Quiero que se me entienda bien: el esfuerzo del bailarín en la barra para alcanzar la agilidad, la ligereza, la *souplesse*, no es sufrimiento. Es entrenamiento: la creación de posibilidades para realizar un proyecto. El sufrimiento es un dolor sin elección y sin sentido. Tenemos que coordinar impulsos dispares. El ser humano está hecho para el egoísmo y para el altruismo, para el juego y el rigor, para el placer y la grandeza, para la soledad y la compañía. Tiene un dinamismo centrípeto y un dinamismo centrífugo. Armonizar esos elementos contradictorios exige un gran alarde de la inteligencia. Para designarlo quiero recuperar una palabra de riquísima y universal tradición: sabiduría.

Sabiduría es la inteligencia habilitada para la felicidad privada y para la felicidad política, es decir, para la justicia.

En todas las culturas –al menos en las que conozco–, antiguas y modernas, orientales y occidentales, religiosas y laicas, se ha valorado este tipo de inteligencia, que capta los valores, aprende de la experiencia y pone en práctica lo que considera mejor. Sabio no es quien sabe muchas cosas, sino quien actúa sabiamente. Es un modo elegido de ser, un trabajado proyecto de personalidad, el talento para hacer las preguntas adecuadas y buscar las buenas respuestas. Es la poética del vivir.

¿Cuál es su trama interior? Entiendo por sabiduría un conjunto de poderosas energías creadoras. Mi definición de creación es muy escueta: crear es hacer que algo valioso que no existía, exista. No hay creación mala, decía Ortega. En efecto, la producción de algo malo no es creación, sino destrucción. El dolor, la finitud y el sinsentido son nuestros irrestañables enemigos. La gran épica humana tiene que narrar nuestra lucha contra ellos.

La inteligencia triunfante es, pues, la que inventa lo valioso en nuestra vida privada o pública. Es nuestra gran posibilidad, nuestra salvación. Empeñada en huir de un discurso del déficit, la psicología contemporánea pretende recuperar cuerdamente el concepto griego de *areté*. Ha llegado a la conclusión de que la psicología evolutiva debe prolongarse en una psicología evaluativa. Utiliza conceptos que en castellano suenan vagos o moralizantes y que tienen difícil traducción; *flourishing, flow, une vie reussie*.

Prefiero volver a los poetas griegos que cantaron la *areté* del atleta ganador o del veloz caballo o del gran escultor que llena bellamente el espacio o del gran poeta que llena bellamente el tiempo. Una capacidad se convierte en *areté* cuando alcanza la excelencia. Admiramos la *areté* musical de Mozart o de Beethoven o de Schubert. Su talento inicial se fue ampliando, profundizando, perfeccionando, gracias a un trabajo minucioso y oculto. Adquirieron la virtud creadora, la potencia de inventar sonoridades nuevas con las notas de siempre.

Los humanos alcanzan su *areté* básica en la sabiduría, que es la inteligencia aplicada a la creación de una vida buena. Es un modo de ser expansivo, que integra la inteligencia del individuo y la inteligencia del ciudadano. Frente a la torpe, monótona, repetitiva historia de la estupidez –otra equivocación, otro desvarío, otra crueldad, otra matanza, otra batalla, otra obcecación, otra codicia–, tenemos que contar la historia triunfal de la humanidad, es decir, de la inteligencia. Esto obliga a despojar de grandeza las acostumbradas narraciones históricas, cuyos argumentos están llenos de ferocidad y ensañamiento. Ya le dije que necesitamos una inversión de la historia, abolir esa glorificación del fracaso, edificar una sensibilidad que reniegue de la estupidez ensalzada y de la torpe connivencia estética con la brutalidad.

La evolución biológica dejó al ser humano en la playa de la historia. Entonces comenzó la gran evolución cultural, la ardua humanización del hombre mismo y de la realidad, cuyo destino es aún incierto. Nietzsche lo dijo con su envidiable contundencia: Somos *nicht festgestelltes Tier*, un animal no fijado. Una especie indecisa a la búsqueda de su definición. Aún no sabemos si triunfará la sabiduría o la estupidez.

Seré optimista una vez más. La inteligencia es un caudal poderoso y, contra viento y marea, triunfará, a menos que la especie humana se degrade, abandonándose a una felicidad de cerdo o de lobo, a una claudicación que le acompaña siempre como una posibilidad tentadora. Confío en una inteligencia resuelta, inventiva, cuidadosa, poética, ingeniosa, intensa y estimulante. Y espero que alguna vez podamos cantar su éxito con palabras altas y grandes, como las que usa Pablo Neruda:

Me has agregado la fuerza de todos los que viven.
Me has dado la libertad que no tiene el solitario.
Me enseñaste a encender la bondad, como el fuego.
Me hiciste construir sobre la realidad como sobre una
                                                          [roca.
Me hiciste adversario del malvado y muro del
                                                           [frenético.
Me has hecho ver la caridad del mundo y la
                                  [posibilidad de la alegría.
QUE ASÍ SEA.

BIBLIOGRAFÍA ELUDIDA

Le será fácil encontrar –en Internet, por ejemplo– varias historias de la estupidez que le divertirán. Cada uno de los capítulos de esta obra se relaciona, deriva o amplía temas tratados en otros libros míos, en los cuales podrá encontrar la bibliografía pertinente. Las referencias más claras son:

Capítulo I: *Teoría de la inteligencia creadora* (Anagrama, Barcelona, 1992).

Capítulo II: *Ética para náufragos* (Anagrama, Barcelona, 1993), *Dictamen sobre Dios* (Anagrama, Barcelona, 2001).

Capítulo III: *El laberinto sentimental* (Anagrama, Barcelona, 1994), *El rompecabezas de la sexualidad,* (Anagrama, Barcelona, 2002).

Marina, J. A., y López Penas, M.: *Diccionario de los sentimientos* (Anagrama, Barcelona, 1999).

Capítulo IV: *La selva del lenguaje* (Anagrama, Barcelona, 1998), *Crónicas de la ultramodernidad* (Anagrama, Barcelona, 2000).

Capítulo V: *El misterio de la voluntad perdida* (Anagrama, Barcelona, 1995).

Capítulo VI: *El vuelo de la inteligencia* (Debolsillo, Barcelona, 2000). *El misterio de la voluntad perdida* (Anagrama, Barcelona, 2000). *Los sueños de la razón* (Anagrama, Barcelona, 2003).
Capítulo VII: *La creación económica* (Deusto, Bilbao, 2003). Marina, J. A., y De la Válgoma, M.: *La lucha por la dignidad* (Anagrama, Barcelona, 2000).

ÍNDICE

Introducción 9
   I. La inteligencia malograda 15
  II. Los fracasos cognitivos 33
 III. Los fracasos afectivos 53
 IV. Los lenguajes fracasados 77
   V. El fracaso de la voluntad 97
 VI. La elección de las metas 119
VII. Sociedades inteligentes y sociedades
      estúpidas 139
Epílogo: Elogio de la inteligencia triunfante 167